Servicio de Entrega y Recogida Domiciliaria

ICB Editores (Interconsulting Bureau S.L.)
C/ Flauta Mágica, 1 local 1B
P.I. Alameda 29006 – Málaga. España
Tfno: (+34) 952 28 87 67
info@icbeditores.com
www.icbeditores.com

Servicio de Entrega y Recogida Domiciliaria

Coordinadora de la obra: María Dolores Pérez Rodríguez
Licenciada en Pedagogía por la Universidad de Málaga

1ª edición, 10/2024

ISBN: 978-84-19720-73-3

Impreso en España - *Printed in Spain*

Código: MAIC005198

ÍNDICE

1. Preparación y realización de la entrega/ recogida

1.1. Operaciones previas a la entrega y recogida de productos a domicilio

- Introducción 11
- Tipología y características de productos 11
- Tipología y características de las condiciones de entrega de diferentes productos, para su conservación y manipulación 13
- Modalidades de envío de productos a entregar 15
- Medios habituales en la clasificación y entrega 17
- Resumen 22

1.2. Clasificación de productos

- Modalidades de clasificación y ordenación de productos según su naturaleza 25
- Herramientas y medios de clasificación manuales y automáticos 36
- Sistema de registro automatizado 40
- Normalización de los envíos: dimensión, peso, volumen u otros 41
- Idoneidad del material de transporte, del equipo y de la carga 43
- Los envíos en mal estado: identificación 45
- Resumen 47

1.3. Procedimientos, documentación y medios propios del reparto/recogida a domicilio

- Documentación básica derivada de las operaciones de entrega 51
- Órdenes de reparto: definición de recorrido/rutas de reparto 60
- Interpretación de mapas y herramientas de navegación 62
- El embarriado 66
- Modalidades de entrega y recogida 68
- Medios de identificación del destinatario o autorizado: DNI, NIE, pasaporte 71

- El cotejo de documentos y registros: modalidades 74
- Aplicaciones de registro de envíos, entregas, recogidas, devoluciones e incidencias 76
- Resumen 79

2. Operaciones posteriores a la entrega/recogida

2.1. Tratamiento de los productos tras el proceso de entrega

- Tareas después del reparto 85
- Registro de las entregas/recogidas 88
- Tratamiento según la naturaleza del producto. Productos Perecederos: Refrigeración y Congelación 93
- Manejo Específico por Tipo de Producto. Alimentos 95
- Medicamentos 96
- Productos de Limpieza 97
- Productos No Perecederos o Duraderos 99
- Productos Frágiles 103
- Mercancías Peligrosas 104
- Productos Dimensionales 105
- Otros Productos 106
- Protocolos y Procedimientos Específicos 107
- Consideraciones sobre el resultado de la entrega y/o recogida atendiendo a posibles incidencias en el proceso 110
- Gestiones relacionadas con los productos no entregados o con incidencias 111
- Resumen 114

2.2. La documentación de la entrega y/o recogida

- Introducción 117
- Tratamiento de la Documentación del Proceso de Entrega y/o Recogida 117
- Cumplimentación de la Documentación Resultado de la Entrega y/o Recogida 120
- Protección de Datos y Registro de la Información Recogida en la Documentación 124
- Resumen 131

3. Operaciones de cobro en el servicio de entrega y recogida a domicilio

3.1. Documentación y medios de pago habituales en las operaciones de cobro

- Definición y tipología de documentos justificativos en las operaciones de cobro 137
- Características fundamentales de cada tipo de documento 138
- Proceso de compra y venta 140
- Definición y tipología de medios en el proceso de cobro 142
- Definición y tipología de medios electrónicos en el proceso de cobro 145
- Resumen 156

3.2. Normativa aplicable y equipos utilizados en el proceso de cobro

- Normativa Básica de las Operaciones de Compra/Venta en España 161
- Normativa aplicable de protección de datos personales 162
- Normas de uso de medios de cobro 164
- Resumen 166

3.3. Atención al cliente en el servicio de cobro de productos

- Las normas de cortesía 169
- Los tratos protocolarios más habituales en las relaciones personales 170
- Tipología de clientes: identificación de técnicas de comunicación más adecuadas a los diferentes tipos de clientes 172
- Elementos de la comunicación 173
- Principios básicos en las comunicaciones orales: barreras y dificultadas 175
- Técnicas de comunicación oral 177
- La imagen personal 179
- Resumen 181

ICB
EDITORES

MÓDULO

1. Preparación y realización de la entrega/recogida

Contenido del Módulo

1.1. Operaciones previas a la entrega y recogida de productos a domicilio

1.2. Clasificación de productos

1.3. Procedimientos, documentación y medios propios del reparto/recogida a domicilio

ICB
EDITORES

UNIDAD

1.1. Operaciones previas a la entrega y recogida de productos a domicilio

Contenido de la Unidad

- Introducción
- Tipología y características de productos
- Tipología y características de las condiciones de entrega de diferentes productos, para su conservación y manipulación
- Modalidades de envío de productos a entregar
- Medios habituales en la clasificación y entrega
- Resumen

1. Introducción

Antes de que un producto llegue a su destino final en el servicio de entrega y recogida domiciliaria, se llevan a cabo una serie de operaciones esenciales que garantizan la eficiencia, seguridad y calidad en todo el proceso.

Estas operaciones previas desempeñan un papel fundamental en la logística moderna y son cruciales para satisfacer las expectativas de los clientes y mantener la integridad de los productos.

En este tema, exploraremos a fondo las operaciones previas que se realizan antes de la entrega y recogida de productos a domicilio. A lo largo de estas secciones, analizaremos la diversidad de productos que pueden ser entregados, sus condiciones específicas de manejo y conservación, las diversas modalidades de envío disponibles y los medios habituales utilizados en la clasificación y entrega.

El conocimiento de estas operaciones previas es esencial tanto para quienes trabajan en la industria de la entrega y recogida domiciliaria como para quienes son usuarios de estos servicios. Al comprender cómo se gestionan y preparan los productos antes de su entrega, podemos apreciar la complejidad de este servicio y tomar decisiones informadas en nuestra vida cotidiana.

Acompáñanos en este viaje a través de las operaciones previas a la entrega y recogida de productos a domicilio, donde exploraremos los detalles que hacen posible que esos paquetes lleguen a nuestras puertas de manera eficaz y segura.

2. Tipología y características de productos

El servicio de entrega y recogida domiciliaria abarca una amplia gama de productos, cada uno con sus propias particularidades y requisitos especiales. Esta diversidad es lo que hace que este servicio sea tan versátil y esencial en la vida cotidiana de muchas personas y empresas.

2.1. Exploración de la Diversidad de Productos

El abanico de productos que pueden ser entregados y recogidos mediante este servicio es verdaderamente asombroso. A continuación, exploraremos algunas de las categorías más comunes:

- **Mensajería:** Este tipo de entrega suele involucrar documentos importantes, cartas y paquetes pequeños. La velocidad y la seguridad son esenciales en este caso.
- **Correspondencia:** Incluye todo tipo de comunicación escrita, como cartas, postales y tarjetas. La privacidad y la entrega puntual son clave en esta categoría.
- **Paquetería:** Engloba una variedad de productos más grandes, desde artículos electrónicos hasta ropa y juguetes. La resistencia al manejo y el seguimiento son cruciales aquí.
- **Productos Frescos:** Esto abarca alimentos perecederos como frutas, verduras, lácteos y carnes. La temperatura y la higiene son aspectos críticos para mantener la calidad.
- **Comida Preparada:** Restaurantes y servicios de entrega de alimentos deben garantizar la frescura y la presentación de los platos.
- **Moda:** Ropa, zapatos y accesorios necesitan un manejo cuidadoso para evitar daños y arrugas.
- **Electrónica:** Dispositivos electrónicos, como teléfonos y computadoras, deben ser protegidos de golpes y caídas.
- **Libros:** La entrega de libros requiere cuidado para evitar daños en las portadas y las páginas.
- **Floristería:** Las flores son extremadamente sensibles y necesitan un manejo delicado y un entorno adecuado.

Esta es solo una muestra de la amplia variedad de productos que se entregan y recogen a domicilio. Cada uno de ellos presenta desafíos y consideraciones únicas que deben ser tenidos en cuenta para garantizar una entrega exitosa.

2.2. Descripción de Características Específicas

Cada tipo de producto mencionado anteriormente posee características específicas que deben ser consideradas al planificar su entrega. Algunas de estas características incluyen:

- ⇨ **Dimensiones y Peso:** Los productos varían en tamaño y peso, lo que afecta la elección del vehículo de entrega y la capacidad de carga.
- ⇨ **Fragilidad:** Algunos productos son más frágiles que otros y requieren un embalaje especial y un manejo suave.
- ⇨ Requisitos d**e Temperatura:** Los productos frescos y alimentos preparados deben mantenerse a ciertas temperaturas para garantizar su calidad y seguridad.
- ⇨ **Fecha de Vencimiento:** Los productos perecederos tienen una fecha de vencimiento que debe respetarse para evitar desperdicios.
- ⇨ **Valor:** Los productos de alto valor pueden requerir un seguro adicional y medidas de seguridad durante la entrega.
- ⇨ **Urgencia:** La velocidad de entrega puede variar según la urgencia de los productos.

Estas son solo algunas de las características específicas que deben ser consideradas al manejar diferentes tipos de productos. En las siguientes secciones, profundizaremos en cada categoría y sus particularidades.

3. Tipología y características de las condiciones de entrega de diferentes productos, para su conservación y manipulación

Una parte fundamental del proceso de entrega y recogida de productos es garantizar que estos lleguen en condiciones óptimas a sus destinatarios.

Esto implica tener en cuenta una serie de condiciones específicas que varían según el tipo de producto que se esté manejando.

3.1. Mensajería y Correspondencia

En el caso de mensajería y correspondencia, la principal preocupación es la seguridad y la privacidad. Los documentos importantes deben estar protegidos de daños y ser entregados al destinatario correcto sin errores. Aquí, las condiciones clave incluyen:

⇨ **Confidencialidad:** Garantizar que los documentos confidenciales se entreguen de manera segura y solo al destinatario adecuado.

⇨ **Integridad del Documento:** Evitar arrugas, dobleces o daños en el contenido del sobre o paquete.

3.2. Paquetería y Productos Frescos

Cuando se trata de paquetes y productos frescos, las condiciones son más variadas y específicas:

⇨ **Temperatura Controlada:** Para productos frescos, como frutas, verduras y carnes, es esencial mantener una temperatura adecuada para prevenir la descomposición.

⇨ **Protección contra Golpes:** Los productos electrónicos, la moda y otros productos frágiles deben estar protegidos contra golpes y caídas.

⇨ **Embalaje Adecuado:** Cada producto debe estar empaquetado de manera segura y adecuada, con materiales que protejan su integridad.

3.3. Comida Preparada y Alimentación

La comida preparada y los alimentos deben cumplir con regulaciones de seguridad alimentaria y calidad. Aquí, las condiciones clave incluyen:

⇨ **Temperatura y Tiempo:** La comida preparada debe ser entregada rápidamente y a la temperatura adecuada para mantener su seguridad y sabor.

⇨ **Embalaje Seguro y Sellado:** Los alimentos deben estar en envases seguros y sellados para evitar contaminación.

3.4. Moda y Electrónica

En la entrega de moda y electrónica, se busca proteger la integridad del producto y su presentación:

- **Protección contra Daños Físicos:** Ropa y dispositivos electrónicos deben estar protegidos contra daños físicos durante el transporte.
- **Embalaje Estético:** La presentación es importante, especialmente en la moda. La ropa debe llegar sin arrugas ni manchas.

3.5. Libros y Floristería

Para la entrega de libros y flores, se consideran aspectos como la protección y la estética:

- **Protección contra Daños:** Los libros deben llegar sin dobleces ni daños en las portadas o páginas.
- **Integridad de las Flores:** Las flores deben mantener su frescura y presentación.

Estos ejemplos ilustran cómo las condiciones de entrega pueden variar significativamente según el tipo de producto. Es crucial que los profesionales de la entrega comprendan estas condiciones y las cumplan para garantizar la satisfacción del cliente y la integridad de los productos.

En las siguientes secciones, continuaremos explorando las modalidades de envío y los medios utilizados en la clasificación y entrega, lo que complementará nuestra comprensión de este proceso esencial.

4. Modalidades de envío de productos a entregar

Una de las características más destacadas del servicio de entrega y recogida domiciliaria es su versatilidad en cuanto a las modalidades de envío disponibles. Estas modalidades se adaptan a las necesidades específicas de los remitentes y destinatarios, ofreciendo una variedad de opciones para satisfacer una amplia gama de situaciones.

A continuación, exploraremos algunas de las modalidades más comunes:

4.1. Envío Ordinario y Urgente

Envío Ordinario: Esta modalidad es adecuada para envíos que no requieren una entrega inmediata. Es más económica pero generalmente tiene plazos de entrega más largos.

Envío Urgente: Para aquellos casos en los que la rapidez es esencial, el envío urgente garantiza una entrega más rápida, a menudo en el mismo día o dentro de un plazo muy corto.

4.2. Certificado o No Certificado

Envío Certificado: Esta opción proporciona un nivel adicional de seguridad y seguimiento. Se obtiene una prueba de entrega y el remitente puede rastrear el paquete durante todo su trayecto.

Envío No Certificado: Adecuado para envíos más sencillos que no requieren seguimiento o confirmación de entrega.

4.3. Nacional e Internacional

Envío Nacional: Se refiere a entregas dentro de las fronteras de un país específico.

Envío Internacional: Implica envíos que cruzan fronteras nacionales, lo que a menudo requiere trámites de aduanas y puede tener plazos de entrega más largos.

4.4. Con Acuse de Recibo o No

Con Acuse de Recibo: Esta modalidad asegura que el destinatario confirme la recepción del paquete mediante su firma, proporcionando una prueba adicional de entrega.

Sin Acuse de Recibo: Adecuado para envíos que no requieren confirmación de recepción por parte del destinatario.

4.5. Entrega en Dirección Concreta o en Punto de Entrega/ Recogida

Entrega en Dirección Concreta: La entrega se realiza en la dirección específica proporcionada por el remitente o destinatario.

Punto de Entrega/Recogida: Los paquetes se entregan y recogen en ubicaciones designadas, como taquillas inteligentes o puntos de recogida cercanos.

4.6. Perecederos y Otros Requisitos Especiales

Productos Perecederos: Para productos frescos o alimentos que requieren un manejo especial y entrega rápida.

Otros Requisitos Especiales: Algunos envíos pueden tener necesidades únicas, como entrega en un horario específico o condiciones de temperatura controlada.

La elección de la modalidad de envío adecuada depende de diversos factores, como la naturaleza del producto, la urgencia de la entrega y las preferencias del remitente y destinatario. Comprender estas modalidades es esencial para garantizar que los productos se entreguen de manera eficiente y satisfactoria.

5. Medios habituales en la clasificación y entrega

La entrega y recogida de productos a domicilio involucra una variedad de medios y equipos diseñados para garantizar que los productos se muevan de manera eficiente y segura desde el punto de origen hasta su destino final.

Estos medios y equipos son esenciales para el funcionamiento de la logística moderna. A continuación, describiremos algunos de los medios más comunes utilizados en este proceso:

5.1. Palés

Descripción: Los palés son plataformas de madera o plástico con patas, diseñadas para sostener y transportar productos de manera eficiente. Son ampliamente utilizados en la industria para agrupar y transportar grandes cantidades de productos.

Aplicación: Los palés se utilizan para cargar productos en camiones y facilitar la manipulación con montacargas o carretillas elevadoras.

5.2. Bandejas y Casilleros

Descripción: Las bandejas y casilleros son contenedores con compartimentos separados que se utilizan para organizar y separar productos durante el transporte. Son ideales para mantener los productos organizados y evitar daños.

Aplicación: Se usan comúnmente en la industria de la mensajería y paquetería para clasificar y entregar productos de manera ordenada.

5.3. Taquillas Inteligentes

Descripción: Las taquillas inteligentes son compartimentos seguros y automatizados que se utilizan para la entrega y recogida de paquetes. Los destinatarios reciben un código o notificación para abrir la taquilla y recoger su paquete en un momento conveniente.

Aplicación: Cada vez más utilizadas en entornos urbanos y edificios de apartamentos para facilitar la entrega segura de paquetes cuando los destinatarios no están en casa.

5.4. Mesas de Sección

Descripción: Las mesas de sección son superficies planas con ranuras o compartimentos que se utilizan para clasificar productos pequeños o documentos. Facilitan la organización y la eficiencia en la clasificación.

Aplicación: Ampliamente utilizadas en centros de distribución y oficinas de correos para clasificar y organizar productos y correspondencia.

5.5. Buzones

Descripción: Los buzones son contenedores diseñados para recibir correspondencia y pequeños paquetes de manera segura. Vienen en una variedad de tamaños y estilos.

Aplicación: Comunes en hogares y empresas para recibir correo y paquetes sin necesidad de una entrega personal.

5.6. Barquetas y Acumuladores Térmicos

Descripción: Las barquetas y los acumuladores térmicos son utilizados para mantener productos perecederos y alimentos a la temperatura adecuada durante el transporte.

Aplicación: Fundamental en la entrega de alimentos frescos y productos que requieren un control de temperatura.

Estos son solo algunos ejemplos de los medios y equipos que se utilizan en el servicio de entrega y recogida domiciliaria. Cada uno de ellos cumple un papel fundamental en la logística moderna, garantizando que los productos se entreguen de manera eficiente y en condiciones óptimas.

Resumen

El contenido se enfoca en las operaciones previas que se realizan antes de la entrega y recogida de productos a domicilio. Estas operaciones son esenciales para garantizar la eficiencia, seguridad y calidad en el proceso de logística.

Primero, se explora la amplia variedad de productos que pueden ser entregados a domicilio, incluyendo mensajería, correspondencia, paquetería, productos frescos, comida preparada, moda, electrónica, libros y floristería. Cada categoría presenta desafíos y consideraciones únicas debido a sus características específicas, como tamaño, fragilidad, requisitos de temperatura y fecha de vencimiento.

Luego, se abordan las condiciones de entrega y manipulación necesarias para preservar la integridad de los productos. Por ejemplo, los documentos importantes deben mantenerse sin daños, mientras que los productos perecederos requieren control de temperatura y alimentos preparados deben entregarse rápidamente y a la temperatura adecuada.

Además, se describen diversas modalidades de envío disponibles, como envío ordinario o urgente, certificado o no, nacional o internacional, con o sin acuse de recibo, entre otras. La elección de la modalidad adecuada depende de factores como la naturaleza del producto y la urgencia de la entrega.

Por último, se mencionan los medios y equipos utilizados en el proceso de clasificación y entrega, como palés, bandejas, casilleros, taquillas inteligentes y buzones. Estos medios son esenciales para garantizar que los productos se muevan de manera eficiente y segura desde el punto de origen hasta su destino final.

En resumen, este contenido ofrece una comprensión completa de las operaciones previas a la entrega y recogida de productos a domicilio, destacando la importancia de considerar las características específicas de los productos, las modalidades de envío disponibles y los medios utilizados para garantizar una entrega exitosa y satisfactoria.

UNIDAD

1.2. Clasificación de productos

Contenido de la Unidad

- Modalidades de clasificación y ordenación de productos según su naturaleza
- Herramientas y medios de clasificación manuales y automáticos
- Sistema de registro automatizado
- Normalización de los envíos: dimensión, peso, volumen u otros
- Idoneidad del material de transporte, del equipo y de la carga
- Los envíos en mal estado: identificación
- Resumen

ICB
EDITORES

1. Modalidades de clasificación y ordenación de productos según su naturaleza

1.1. Clasificación Alfabética en el Servicio de Entrega y Recogida Domiciliaria

La clasificación alfabética es una modalidad de organización y distribución que desempeña un papel fundamental en el servicio de entrega y recogida domiciliaria, especialmente en el manejo de la correspondencia y los documentos. En esta modalidad, los productos se agrupan y ordenan de acuerdo con el nombre del destinatario o del remitente en orden alfabético, lo que facilita la búsqueda y entrega eficiente de los elementos. A continuación, profundizaremos en la importancia y el funcionamiento de la clasificación alfabética:

- Eficiencia en la Organización

  La clasificación alfabética ofrece una eficiente forma de organizar grandes volúmenes de correspondencia y paquetes. Cada producto se coloca en un lugar específico dentro de la secuencia alfabética, lo que permite a los trabajadores de clasificación localizarlos rápidamente durante el proceso de preparación para la entrega. Esta eficiencia es esencial, especialmente en entornos donde el tiempo es un factor crítico, como en los servicios de mensajería y paquetería urgente.

- Facilita la Búsqueda y Entrega

  Cuando un producto está organizado alfabéticamente, se vuelve mucho más sencillo encontrarlo y entregarlo en manos del destinatario correcto. Esto es especialmente valioso en escenarios donde se manejan una gran cantidad de destinatarios o remitentes diferentes, como oficinas de correos, empresas de mensajería y servicios de entrega a gran escala. La clasificación alfabética elimina la necesidad de buscar manualmente entre una multitud de paquetes y documentos, lo que ahorra tiempo y minimiza los errores.

- Aplicaciones en la Correspondencia y la Documentación

La clasificación alfabética se destaca en el manejo de correspondencia, como cartas, postales y paquetes pequeños. Además, se utiliza en la clasificación de documentos empresariales, como facturas, contratos y notificaciones. Esta modalidad es esencial para garantizar que cada artículo llegue a su destinatario o archivo correspondiente de manera rápida y precisa.

- Requerimientos de Organización y Espacio

Para implementar eficazmente la clasificación alfabética, se requiere un sistema de organización sólido. Esto puede incluir estanterías, cajones, compartimentos y etiquetas alfabéticas. Los productos deben ser etiquetados y colocados en su posición correspondiente según el orden alfabético. Un espacio de trabajo ordenado y eficiente es esencial para garantizar que el proceso de clasificación sea efectivo.

- Automatización y Tecnología

En la era digital, la clasificación alfabética también se ha beneficiado de la automatización y la tecnología. Los sistemas de clasificación automatizados pueden leer códigos de barras o direcciones electrónicas para clasificar y enrutar automáticamente los productos al destino correcto, lo que agiliza aún más el proceso.

1.2. Clasificación Geográfica en el Servicio de Entrega y Recogida Domiciliaria

La clasificación geográfica es una modalidad esencial en el servicio de entrega y recogida domiciliaria que se basa en la agrupación de productos según su ubicación geográfica. En lugar de organizarlos alfabéticamente o por otro criterio, los productos se dividen en función de las zonas, regiones o ciudades a las que están destinados. Esta modalidad es especialmente útil para rutas de entrega específicas y puede tener un impacto significativo en la optimización de la distribución. A continuación, exploraremos con más detalle la importancia y las aplicaciones de la clasificación geográfica:

- Optimización de Rutas de Entrega

  Una de las principales ventajas de la clasificación geográfica es su capacidad para optimizar las rutas de entrega. Al agrupar productos destinados a áreas geográficas similares o adyacentes, se pueden diseñar rutas de entrega más eficientes, lo que reduce los tiempos de tránsito y los costos operativos. Esto es especialmente beneficioso en servicios de entrega que abarcan grandes áreas metropolitanas o regiones extensas.

- Adaptación a Diferentes Ubicaciones

  La clasificación geográfica permite a las empresas de entrega adaptarse a las diversas ubicaciones y necesidades de sus clientes. Pueden asignar vehículos y personal de entrega específicamente a áreas geográficas particulares, lo que garantiza una atención más rápida y eficaz. Esto es particularmente importante en la entrega de productos perecederos o en servicios de mensajería urgente, donde la velocidad es esencial.

- Reducción de la Congestión y la Contaminación

  Al organizar las entregas según la ubicación geográfica, las empresas pueden evitar la congestión del tráfico en áreas urbanas densamente pobladas. Esto no solo reduce los tiempos de entrega, sino que también contribuye a la reducción de la contaminación y el impacto ambiental al minimizar la necesidad de largos desplazamientos o embotellamientos de tráfico.

- Aplicaciones en la Distribución Comercial y Logística

  La clasificación geográfica no solo se aplica a la entrega a domicilio, sino que también es fundamental en la distribución comercial y la logística empresarial. Las empresas pueden utilizar esta modalidad para organizar sus almacenes y centros de distribución de manera que los productos estén listos para su envío a ubicaciones específicas.

- Necesidades de Tecnología y Planificación

  La implementación efectiva de la clasificación geográfica requiere tecnología avanzada de gestión de rutas y planificación logística. Los sistemas de información geográfica (GIS) y los programas de planificación de rutas son herramientas esenciales para optimizar y gestionar la entrega basada en la ubicación geográfica.

1.3. Clasificación por Naturaleza de la Mercancía en el Servicio de Entrega y Recogida Domiciliaria

La clasificación por naturaleza de la mercancía es una modalidad fundamental en el servicio de entrega y recogida domiciliaria que se basa en la división de productos según su tipo o categoría. Esta modalidad permite una gestión eficiente de diferentes tipos de artículos, como electrónica, moda, alimentos y una amplia gama de productos. A continuación, exploraremos en detalle la importancia y las aplicaciones de la clasificación por naturaleza de la mercancía:

- Gestión Específica de Productos

  Una de las principales ventajas de la clasificación por naturaleza de la mercancía es su capacidad para gestionar de manera específica los productos según sus características particulares. Cada tipo de producto tiene requisitos únicos en términos de manipulación, almacenamiento y entrega. Al clasificar los productos por naturaleza, se pueden aplicar los procedimientos y precauciones adecuados a cada categoría, lo que garantiza que los productos lleguen en condiciones óptimas.

- Optimización de Almacenamiento y Transporte

  La clasificación por naturaleza de la mercancía también contribuye a la optimización del almacenamiento y el transporte. Los productos de características similares se pueden agrupar en almacenes específicos o compartimentos de vehículos de entrega, lo que facilita la organización y evita daños o contaminaciones cruzadas. Esto es especialmente relevante en el caso de productos perecederos o frágiles.

- Seguridad Alimentaria y Control de Temperatura

  En el servicio de entrega y recogida domiciliaria, la clasificación por naturaleza de la mercancía es esencial en el manejo de alimentos y productos perecederos. Los alimentos deben ser transportados y entregados a la temperatura adecuada para garantizar su seguridad alimentaria. Al clasificar los productos alimenticios por separado de otros tipos de mercancía, se pueden implementar medidas específicas de control de temperatura y asegurarse de que los alimentos lleguen frescos y seguros.

- Mejora en la Logística de Almacenamiento

  La clasificación por naturaleza de la mercancía también facilita la gestión de inventario y el reabastecimiento. Las empresas pueden llevar un seguimiento más preciso de sus existencias y planificar de manera efectiva la reposición de productos en función de las necesidades de cada categoría.

- Personalización de la Experiencia del Cliente

  Esta modalidad también permite una mayor personalización en la experiencia del cliente. Por ejemplo, una empresa de moda puede utilizar la clasificación por naturaleza de la mercancía para segmentar sus entregas y ofrecer recomendaciones de productos relacionados a los clientes. Esto puede mejorar la satisfacción del cliente y fomentar la fidelidad a la marca.

1.4. Clasificación Cronológica en el Servicio de Entrega y Recogida Domiciliaria

La clasificación cronológica es una modalidad vital en el servicio de entrega y recogida domiciliaria que se basa en la organización de productos en función de la fecha de entrega programada. Esta modalidad garantiza que los productos se entreguen puntualmente, lo que es esencial, especialmente en el caso de servicios de entrega urgente. A continuación, exploraremos con más detalle la importancia y las aplicaciones de la clasificación cronológica:

- Entregas Puntuales y Programadas

  Una de las principales ventajas de la clasificación cronológica es su capacidad para garantizar entregas puntuales y programadas. Los productos se organizan de manera que aquellos con fechas de entrega más cercanas o urgentes se gestionan y entregan primero. Esto es esencial en situaciones donde la puntualidad es crítica, como en la entrega de documentos legales, medicamentos o productos frescos.

- Priorización de Urgencias

  La clasificación cronológica permite la priorización de entregas urgentes. Los productos que deben llegar a su destino en un plazo muy corto se identifican y manejan de manera especial para asegurar que se cumplan los plazos exigentes. Esto es común en servicios de mensajería exprés y entrega de documentos confidenciales.

- Minimización de Errores y Retrasos

  Organizar los productos cronológicamente reduce la posibilidad de errores y retrasos en la entrega. Los productos se agrupan y entregan siguiendo un cronograma preestablecido, lo que minimiza la confusión y asegura que cada envío se maneje de acuerdo con su fecha de entrega programada.

- Control de Cargas y Rutas de Entrega

  La clasificación cronológica también contribuye al control efectivo de las cargas y la planificación de rutas de entrega. Los vehículos de transporte se cargan de acuerdo con el orden de entrega, lo que evita la necesidad de buscar productos en medio de la entrega y reduce los tiempos de tránsito.

- Aplicación en Diferentes Sectores

  Esta modalidad es versátil y aplicable en diversos sectores. Por ejemplo, en la entrega de alimentos preparados, los productos se organizan de acuerdo con las horas de las comidas para asegurar que lleguen calientes y listos para su consumo. En la entrega de medicamentos, se priorizan las entregas de medicinas de uso inmediato.

- Seguimiento y Notificación al Cliente

La clasificación cronológica también permite el seguimiento y la notificación al cliente. Los destinatarios pueden recibir actualizaciones precisas sobre la hora estimada de entrega, lo que mejora la experiencia del cliente y la transparencia en el servicio.

1.5. Clasificación por Volumen, Peso y Tamaño en el Servicio de Entrega y Recogida Domiciliaria

La clasificación por volumen, peso y tamaño es una modalidad esencial en el servicio de entrega y recogida domiciliaria que se basa en la agrupación de productos según sus dimensiones físicas. Esta modalidad desempeña un papel crucial en la optimización del espacio en vehículos de transporte y almacenes, lo que contribuye significativamente a la eficiencia operativa. A continuación, exploraremos con más detalle la importancia y las aplicaciones de la clasificación por volumen, peso y tamaño:

- Optimización del Espacio de Almacenamiento

Una de las ventajas más destacadas de la clasificación por volumen, peso y tamaño es su capacidad para optimizar el espacio de almacenamiento en almacenes y vehículos de transporte. Los productos se agrupan de acuerdo con su tamaño y forma, lo que permite una disposición más eficiente y la utilización máxima del espacio disponible. Esto es particularmente relevante en almacenes con espacio limitado y vehículos de transporte donde el espacio es preciado.

- Minimización de Pérdidas de Espacio

La clasificación por volumen, peso y tamaño también minimiza las pérdidas de espacio. Los productos que se ajustan adecuadamente en un espacio determinado se almacenan o transportan juntos, evitando espacios vacíos o mal utilizados. Esto no solo reduce los costos operativos, sino que también contribuye a la sostenibilidad al reducir el espacio requerido.

- Eficiencia en la Carga y Descarga

En el contexto de la entrega y recogida domiciliaria, esta modalidad garantiza una carga y descarga eficiente de productos en vehículos de transporte. Los productos se disponen en función de su tamaño y peso, lo que facilita su manejo y reduce los tiempos de carga y descarga. Esto es esencial para mantener una programación de entregas puntual.

- Seguimiento de Envíos por Dimensiones

Esta modalidad también permite el seguimiento de envíos por dimensiones, lo que es especialmente importante en servicios de paquetería y mensajería. Los remitentes y destinatarios pueden recibir información precisa sobre el tamaño y el peso de los productos, lo que facilita la planificación y la preparación para la recepción de paquetes.

- Prevención de Daños y Roturas

  La clasificación por volumen, peso y tamaño contribuye a la prevención de daños y roturas. Los productos de dimensiones similares se agrupan, lo que reduce el riesgo de choques o impactos que puedan dañar los productos durante el transporte o el almacenamiento. Esto es particularmente importante para productos frágiles o delicados.

- Reducción de Costos Operativos

  La eficiencia en la clasificación y el uso eficaz del espacio conllevan una reducción de costos operativos significativa. Menos espacio desperdiciado y una mayor capacidad de carga en vehículos de transporte significan menos viajes y, en última instancia, una reducción en los costos de combustible y mantenimiento.

1.6. Pesos Volumétricos en el Servicio de Entrega y Recogida Domiciliaria

Los pesos volumétricos son una metodología fundamental en el servicio de entrega y recogida domiciliaria que combina tanto el peso real de un producto como su tamaño o volumen para determinar la tarifa de envío. Esta modalidad asegura que los envíos se cobren de manera justa en función del espacio que ocupan en lugar de basarse únicamente en su peso físico.

A continuación, exploraremos con más detalle la importancia y las aplicaciones de los pesos volumétricos:

- Eficiencia en la Tarificación

  La utilización de pesos volumétricos permite una tarificación más justa y eficiente. En el servicio de entrega y recogida domiciliaria, algunos productos pueden ser voluminosos, pero tener un peso real relativamente bajo, mientras que otros pueden ser más pequeños, pero más pesados. La tarificación basada únicamente en el peso real podría resultar injusta en estos casos. Los pesos volumétricos resuelven este problema al considerar ambos factores.

- Optimización de Espacio en Vehículos de Transporte

  Los pesos volumétricos son esenciales para la optimización del espacio en vehículos de transporte. Al tomar en cuenta el espacio que ocupan los productos, las empresas de entrega pueden cargar sus vehículos de manera más eficiente, maximizando la cantidad de productos que pueden transportar en un solo viaje. Esto reduce los costos operativos y el impacto ambiental al reducir la necesidad de más vehículos en la carretera.

- Aplicación en Paquetería y Mensajería

  La aplicación de pesos volumétricos es especialmente relevante en la paquetería y la mensajería, donde se manejan una variedad de tamaños de paquetes y documentos. Esta modalidad garantiza que los costos de envío reflejen de manera precisa la ocupación de espacio en los vehículos de entrega, lo que es esencial para mantener tarifas competitivas y justas para los clientes.

- Cálculo de los Pesos Volumétricos

  El cálculo de los pesos volumétricos implica la multiplicación de las dimensiones del paquete (longitud, ancho y altura) para determinar su volumen en metros cúbicos.

  Luego, este volumen se multiplica por un factor de conversión (generalmente proporcionado por la empresa de entrega) para obtener el peso volumétrico en kilogramos. Si el peso real del paquete es mayor que el peso volumétrico calculado, se utiliza el peso real para la tarificación. Sin embargo, si el peso volumétrico es mayor, se utiliza para establecer la tarifa de envío.

- Transparencia y Precisión en la Tarificación

  La aplicación de pesos volumétricos aumenta la transparencia y la precisión en la tarificación de envíos. Los clientes pueden estar seguros de que se les cobra de manera justa en función del espacio que ocupan sus productos en lugar de simplemente por su peso físico. Esto promueve la confianza del cliente y la satisfacción con el servicio.

2. HERRAMIENTAS Y MEDIOS DE CLASIFICACIÓN MANUALES Y AUTOMÁTICOS

La clasificación de productos en el servicio de entrega y recogida domiciliaria se lleva a cabo mediante una amplia variedad de herramientas y medios, tanto manuales como automáticos.

Estas herramientas desempeñan un papel esencial en el proceso logístico, garantizando la eficiencia y precisión en la organización de productos. A continuación, exploraremos con más detalle algunas de las herramientas y medios comunes utilizados en la clasificación:

- **Etiquetas y Códigos de Barras:** Las etiquetas con códigos de barras contienen información importante sobre cada producto, como destino, fecha de entrega, peso y contenido. Los códigos de barras se escanean y se utilizan para dirigir automáticamente los productos a su destino.

- **Casilleros:** Los casilleros son compartimentos individuales donde se colocan los productos para su clasificación y almacenamiento temporal. Cada casillero suele estar etiquetado con información específica para facilitar la organización.

- **Mesas de Secciones:** Las mesas de secciones son grandes superficies de trabajo donde los productos se organizan y dividen en secciones o categorías. Esto permite la clasificación manual de productos en función de diversos criterios, como destino o tipo de producto.

- **Bandejas de Clasificación:** Las bandejas de clasificación son contenedores o bandejas que se utilizan para agrupar productos antes de ser entregados o enviados. Son especialmente útiles en la organización de productos pequeños o documentos.

- **Palés:** Los palés son estructuras planas y elevadas que se utilizan para apilar productos y facilitar su manipulación con montacargas o carretillas elevadoras. Son esenciales para el transporte y la distribución eficiente de productos a granel.

- **Cajas:** De diferentes tamaños y formas se utilizan para empacar productos antes de su entrega. Las cajas adecuadas garantizan que los productos lleguen en condiciones óptimas y se pueden apilar de manera eficiente.

- **Carros:** Los carros de transporte son herramientas móviles utilizadas para mover productos dentro de almacenes y centros de distribución. Están diseñados para facilitar la manipulación y el transporte de cargas pesadas o voluminosas.

- **Taquillas Inteligentes:** Son sistemas de almacenamiento automatizado donde los productos se pueden depositar temporalmente antes de su entrega. Los destinatarios pueden recoger sus productos de estas taquillas en momentos convenientes.

- **Jaulas:** Las jaulas con ruedas son utilizadas para transportar productos de manera segura y eficiente. Son especialmente útiles en la entrega y recogida de productos a granel o voluminosos.

- **Archivadores:** Los archivadores son utilizados para organizar y almacenar documentos o productos planos de manera ordenada y accesible.

- **Sellos de Estampación:** Los sellos de estampación se utilizan para marcar productos con fechas, números de seguimiento u otra información importante.

La elección de herramientas y medios de clasificación depende de la naturaleza de los productos, el volumen de envíos y la tecnología disponible. La combinación de herramientas manuales y automatizadas garantiza una clasificación eficiente y precisa en el servicio de entrega y recogida domiciliaria.

3. SISTEMA DE REGISTRO AUTOMATIZADO

El sistema de registro automatizado es una pieza fundamental en el servicio de entrega y recogida domiciliaria que emplea tecnología informática avanzada para registrar y rastrear el movimiento de los productos a lo largo de la cadena de suministro.

Estos sistemas son esenciales para agilizar la clasificación y la entrega de productos de manera precisa y eficiente. A continuación, exploraremos con más detalle la importancia y las aplicaciones de los sistemas de registro automatizado:

3.1. Rastreo en Tiempo Real

Uno de los beneficios más significativos de los sistemas de registro automatizado es su capacidad para proporcionar rastreo en tiempo real de los productos a medida que se mueven a lo largo de la cadena de suministro. Cada producto se etiqueta con un código único, como un código de barras o un número de seguimiento, que se escanea en varios puntos del proceso. Esto permite a las empresas y a los clientes seguir el progreso de la entrega y conocer la ubicación exacta de un producto en cualquier momento.

3.2. Eficiencia en la Clasificación y Distribución

Los sistemas de registro automatizado agilizan la clasificación y la distribución de productos de manera considerable. Cuando un producto se registra en el sistema, se asocia automáticamente con su destino y se enruta de manera eficiente a través de la cadena de suministro. Esto minimiza la necesidad de intervención manual y reduce los errores de clasificación.

3.3. Gestión de Inventario Precisa

Estos sistemas también contribuyen a una gestión de inventario más precisa. Cada producto se registra al ingresar o salir de un almacén o centro de distribución, lo que permite un seguimiento preciso de las existencias. Esto es especialmente valioso para garantizar la disponibilidad de productos y para programar reposiciones en función de la demanda.

3.4. Notificaciones Automáticas a Clientes

Los sistemas de registro automatizado permiten la generación de notificaciones automáticas a los clientes. Los destinatarios pueden recibir actualizaciones por correo electrónico, mensajes de texto o a través de aplicaciones móviles sobre el estado de sus entregas, incluyendo la hora estimada de llegada. Esto mejora la transparencia y la satisfacción del cliente.

3.5. Resolución de Problemas Eficiente

Cuando surgen problemas, como entregas fallidas o productos extraviados, los sistemas de registro automatizado facilitan la identificación y la resolución de estos problemas. Los registros precisos permiten un seguimiento detallado de lo que sucedió en cada etapa del proceso, lo que simplifica la investigación y la solución de problemas.

3.6. Mejora en la Planificación Logística

Estos sistemas también son valiosos para la planificación logística. La información recopilada a través del registro automatizado se puede utilizar para analizar y optimizar rutas de entrega, tiempos de tránsito y otros aspectos de la operación logística.

En resumen, los sistemas de registro automatizado son herramientas esenciales en el servicio de entrega y recogida domiciliaria que utilizan la tecnología informática avanzada para garantizar un seguimiento preciso, una clasificación eficiente y una distribución efectiva de productos a lo largo de la cadena de suministro. Su implementación es fundamental para mantener la calidad y la eficiencia en el servicio.

4. Normalización de los envíos: dimensión, peso, volumen u otros

La normalización de los envíos es un proceso esencial en el servicio de entrega y recogida domiciliaria que implica establecer normas y estándares para dimensiones, peso y volumen de los productos que se transportan y entregan. Esta práctica garantiza una clasificación eficiente y precisa de los envíos a lo largo de la cadena de suministro y contribuye a una operación logística más efectiva. A continuación, exploraremos con más detalle la importancia y las aplicaciones de la normalización de los envíos:

4.1. Uniformidad en las Dimensiones y el Peso

Una de las ventajas más destacadas de la normalización de los envíos es la uniformidad en las dimensiones y el peso de los productos. Al establecer estándares específicos, se garantiza que los productos se ajusten a ciertos tamaños y pesos, lo que simplifica la clasificación y la manipulación de los envíos. Esto es especialmente valioso cuando se manejan grandes volúmenes de productos.

4.2. Eficiencia en la Clasificación y Distribución

La normalización de los envíos contribuye significativamente a la eficiencia en la clasificación y la distribución de productos. Cuando los productos cumplen con los estándares establecidos, se pueden organizar y enrutar de manera más rápida y precisa a lo largo de la cadena de suministro. Esto reduce los tiempos de procesamiento y los errores de clasificación.

4.3. Optimización de Espacio y Carga

El cumplimiento de estándares de dimensiones y peso también facilita la optimización del espacio en vehículos de transporte y almacenes. Los productos que se ajustan a dimensiones uniformes se pueden apilar y organizar de manera más eficiente, lo que maximiza la capacidad de carga y reduce la necesidad de espacio adicional.

4.4. Reducción de Costos Operativos

La normalización de los envíos conlleva una reducción de costos operativos significativa. La eficiencia en la clasificación y la distribución, así como la optimización del espacio, reducen los costos de mano de obra, combustible y mantenimiento de vehículos. Esto hace que la operación logística sea más rentable.

4.5. Facilita la Planificación Logística

La normalización de los envíos facilita la planificación logística. Las empresas pueden anticipar con mayor precisión los requisitos de espacio, recursos y tiempos de entrega cuando los productos cumplen con estándares establecidos. Esto es fundamental para una programación de entregas eficiente.

4.6. Mejora la Experiencia del Cliente

Cuando los envíos siguen normas y estándares predefinidos, los clientes experimentan entregas más predecibles y consistentes. Esto mejora la experiencia del cliente y aumenta la satisfacción.

En resumen, la normalización de los envíos es una práctica fundamental en el servicio de entrega y recogida domiciliaria que establece normas y estándares para dimensiones, peso y volumen de los productos. Su implementación es esencial para garantizar una operación logística eficiente y precisa, así como una experiencia satisfactoria para el cliente.

5. IDONEIDAD DEL MATERIAL DE TRANSPORTE, DEL EQUIPO Y DE LA CARGA

Idoneidad del Material de Transporte, del Equipo y de la Carga en el Servicio de Entrega y Recogida Domiciliaria

La idoneidad del material de transporte, del equipo y de la carga es un aspecto crítico en el servicio de entrega y recogida domiciliaria. Esta práctica implica la selección cuidadosa de materiales de embalaje, equipos de manipulación y la adecuación de la carga para garantizar la seguridad y la eficiencia en la clasificación y entrega de productos. A continuación, exploraremos con más detalle la importancia y las aplicaciones de la idoneidad del material de transporte, del equipo y de la carga:

5.1. Seguridad de los Productos:

Un aspecto fundamental de la idoneidad es la seguridad de los productos durante el transporte y la manipulación. Los materiales de embalaje deben ser capaces de proteger los productos de daños, golpes y condiciones ambientales adversas. Por ejemplo, los productos frágiles pueden requerir un embalaje especial para prevenir roturas, mientras que los productos perecederos pueden necesitar aislamiento térmico para mantenerse frescos.

5.2. Eficiencia en la Manipulación:

Seleccionar el equipo de manipulación adecuado es esencial para garantizar la eficiencia en la clasificación y entrega.

Los equipos como montacargas, carros de transporte y sistemas de transporte de paquetes deben ser compatibles con la naturaleza de los productos y su tamaño. Esto no solo agiliza la manipulación, sino que también reduce el riesgo de daños y lesiones laborales.

5.3. Cumplimiento de Normativas:

En algunos casos, la idoneidad del material de transporte y del equipo debe cumplir con normativas y regulaciones específicas. Por ejemplo, los productos peligrosos o químicos pueden requerir un embalaje y manipulación que cumpla con normativas de seguridad y medio ambiente. Cumplir con estas normativas es esencial para la seguridad y la legalidad del servicio.

5.4. Optimización del Espacio y la Carga:

El equipo de transporte debe estar diseñado para optimizar el espacio y la carga. Los vehículos de entrega deben estar configurados de manera que se pueda cargar y transportar la mayor cantidad de productos posible de manera segura. Esto reduce los costos operativos al minimizar la necesidad de más viajes.

5.5. Reducción de Riesgos Laborales:

La elección adecuada del equipo y el material de transporte también es clave para reducir los riesgos laborales. Un equipo ergonómico y seguro reduce la probabilidad de lesiones en los trabajadores y promueve un ambiente laboral seguro.

5.6. Sostenibilidad:

La idoneidad del material de transporte y del equipo también puede tener un impacto en la sostenibilidad. La elección de materiales de embalaje respetuosos con el medio ambiente y la optimización del espacio en vehículos de transporte contribuyen a la reducción de la huella ambiental del servicio.

5.7. Experiencia del Cliente:

Finalmente, la idoneidad del material de transporte y del equipo también afecta la experiencia del cliente. Los productos que llegan en buen estado, de manera puntual y sin inconvenientes, contribuyen a la satisfacción del cliente y a la reputación positiva de la empresa.

En resumen, la idoneidad del material de transporte, del equipo y de la carga es un aspecto esencial en el servicio de entrega y recogida domiciliaria que garantiza la seguridad, la eficiencia y la satisfacción del cliente. La selección cuidadosa de estos elementos es clave para el éxito de la operación logística.

6. Los envíos en mal estado: identificación

La identificación de los envíos en mal estado o dañados es un aspecto crítico en el servicio de entrega y recogida domiciliaria. La detección temprana y la gestión adecuada de estos envíos son fundamentales para evitar entregas insatisfactorias, reducir costos y mantener la calidad del servicio.

A continuación, exploraremos con más detalle la importancia y las prácticas relacionadas con la identificación de los envíos en mal estado:

6.1. Importancia de la Identificación Temprana:

La identificación temprana de los envíos en mal estado es esencial para prevenir entregas fallidas o insatisfactorias. Al detectar estos envíos durante la clasificación, se pueden tomar medidas inmediatas para su gestión, lo que evita que lleguen a manos del destinatario en un estado no deseado.

- **Causas de Envíos Dañados:**

Los envíos pueden dañarse debido a una variedad de razones, que incluyen:

- Golpes y caídas durante el transporte.
- Manipulación inadecuada en almacenes o centros de distribución.
- Condiciones ambientales adversas, como humedad o temperaturas extremas.
- Falta de protección adecuada en el embalaje.
- Errores de manipulación o carga.

♦ **Proceso de Identificación:**

La identificación de los envíos en mal estado implica una inspección visual y, en algunos casos, el uso de tecnología de escaneo o lectura de códigos de barras. Los trabajadores encargados de la clasificación deben estar capacitados para reconocer signos de daño, como roturas en el embalaje, deformaciones o pérdida de integridad del producto.

♦ **Acciones ante Envíos Dañados:**

Cuando se identifican envíos en mal estado, es fundamental tomar acciones adecuadas. Estas acciones pueden incluir:

⇨ Aislar el envío dañado para evitar más deterioro.

⇨ Registrar el daño en el sistema de seguimiento y registro.

⇨ Notificar a los destinatarios o remitentes sobre el estado del envío.

⇨ Iniciar un proceso de reclamación o compensación, si corresponde.

♦ **Protección de la Imagen de la Empresa:**

La gestión adecuada de envíos dañados también protege la imagen de la empresa de entrega. Los clientes valoran un servicio confiable y una empresa que toma medidas para resolver problemas de manera efectiva. La transparencia y la prontitud en la gestión de envíos dañados pueden fortalecer la relación con el cliente.

♦ **Mejora Continua:**

La identificación y gestión de envíos en mal estado también pueden ser parte de un proceso de mejora continua. Las empresas pueden analizar las causas subyacentes de los envíos dañados y tomar medidas para prevenir futuros problemas. Esto puede incluir mejoras en el embalaje, la capacitación de los empleados o la optimización de los procedimientos de manipulación.

En resumen, la identificación y gestión de envíos en mal estado son prácticas fundamentales en el servicio de entrega y recogida domiciliaria. Estas acciones son esenciales para evitar entregas insatisfactorias, proteger la imagen de la empresa y mantener la calidad del servicio.

RESUMEN

El texto describe diversas modalidades de clasificación y ordenación de productos en el servicio de entrega y recogida domiciliaria, cada una con sus características y beneficios específicos:

- **Clasificación Alfabética:** Utilizada para organizar y distribuir correspondencia y documentos, donde los productos se agrupan según el nombre del destinatario o remitente en orden alfabético. Esta modalidad mejora la eficiencia en la organización, facilita la búsqueda y entrega, y es vital para el manejo de grandes volúmenes de correspondencia.

- **Clasificación Geográfica:** Basada en la agrupación de productos según su ubicación geográfica. Es esencial para optimizar rutas de entrega, adaptarse a diferentes ubicaciones, reducir la congestión y la contaminación, y es ampliamente utilizada en distribución comercial y logística.

- **Clasificación por Naturaleza de la Mercancía:** Divide los productos según su tipo o categoría, permitiendo una gestión específica y eficiente, optimizando el almacenamiento y transporte, y es crucial para el manejo de alimentos y productos perecederos, asegurando la seguridad alimentaria y control de temperatura.

- **Clasificación Cronológica:** Organiza productos según la fecha de entrega programada, asegurando entregas puntuales y programadas, priorizando urgencias, minimizando errores y retrasos, y aplicable en diferentes sectores como alimentos preparados y medicamentos.

- **Clasificación por Volumen, Peso y Tamaño:** Agrupa productos según sus dimensiones físicas para optimizar el espacio de almacenamiento y transporte, minimizar pérdidas de espacio, prevenir daños y roturas, y reducir costos operativos.

- **Pesos Volumétricos:** Metodología que combina peso real y tamaño/volumen de un producto para determinar la tarifa de envío, asegurando una tarifación justa y eficiente, optimizando espacio en vehículos de transporte, y aplicable especialmente en paquetería y mensajería.

El contenido proporcionado aborda varios aspectos clave del servicio de entrega y recogida domiciliaria, enfocándose en la clasificación de productos, sistemas de registro, normalización de envíos, idoneidad del material de transporte y la gestión de envíos en mal estado.

- **Herramientas y Medios de Clasificación:** Se utilizan diversas herramientas y medios manuales y automáticos para la clasificación de productos, como etiquetas y códigos de barras, casilleros, mesas de secciones, bandejas de clasificación, palés, cajas, carros, jaulas, taquillas inteligentes, archivadores y sellos de estampación. Estos elementos ayudan en la organización eficiente y precisa de los productos, facilitando su clasificación, almacenamiento y transporte.

- **Sistema de Registro Automatizado:** Este sistema juega un papel crucial en la trazabilidad y eficiencia operativa. Permite el rastreo en tiempo real de los productos, mejora la eficiencia en clasificación y distribución, facilita la gestión de inventario, proporciona notificaciones automáticas a los clientes, ayuda en la resolución eficiente de problemas y mejora la planificación logística.

- **Normalización de los Envíos:** Establecer normas y estándares para las dimensiones, peso y volumen de los productos es esencial para garantizar una clasificación y manipulación eficientes. Esto conduce a una mejor utilización del espacio, reducción de costos operativos, facilita la planificación logística y mejora la experiencia del cliente.

- **Idoneidad del Material de Transporte, Equipo y Carga:** Seleccionar materiales de embalaje y equipos de manipulación adecuados es crucial para la seguridad y eficiencia en el transporte y la manipulación de productos. Esto incluye la seguridad de los productos, cumplimiento de normativas, optimización del espacio y carga, reducción de riesgos laborales, sostenibilidad y mejora de la experiencia del cliente.

- **Identificación de Envíos en Mal Estado:** La detección temprana y la gestión adecuada de envíos dañados son fundamentales para mantener la calidad del servicio. Esto implica inspección visual, registro del daño, notificación a las partes involucradas, gestión de reclamaciones y un enfoque en la mejora continua para prevenir futuros problemas.

UNIDAD

1.3. Procedimientos, documentación y medios propios del reparto/recogida a domicilio

Contenido de la Unidad

- Documentación básica derivada de las operaciones de entrega
- Órdenes de reparto: definición de recorrido/rutas de reparto
- Interpretación de mapas y herramientas de navegación
- El embarriado
- Modalidades de entrega y recogida
- Medios de identificación del destinatario o autorizado: DNI, NIE, pasaporte
- El cotejo de documentos y registros: modalidades
- Aplicaciones de registro de envíos, entregas, recogidas, devoluciones e incidencias
- Resumen

ICB
EDITORES

1. DOCUMENTACIÓN BÁSICA DERIVADA DE LAS OPERACIONES DE ENTREGA

Cuando se llevan a cabo operaciones de entrega y recogida a domicilio, es fundamental contar con una variedad de documentos que respalden y registren cada paso del proceso. Estos documentos son esenciales para garantizar un seguimiento preciso de los envíos, así como para mantener registros adecuados de las transacciones. A continuación, se describen los documentos más comunes utilizados en estas operaciones:

- **Orden de Reparto:** La orden de reparto es un documento que proporciona información detallada sobre los envíos que se entregarán en un día específico. Incluye datos como la dirección de entrega, la lista de productos, la cantidad y cualquier otra información relevante para el proceso de entrega.

  Una Orden de Reparto es un documento esencial en las operaciones de entrega y recogida a domicilio, y suele incluir las siguientes partes fundamentales:

  - **Información del Remitente:** Esta sección contiene los detalles del remitente, que puede ser la empresa o persona que envía los productos. Esto incluye el nombre, dirección y contacto del remitente.
  - **Información del Destinatario:** Aquí se registran los datos del destinatario, es decir, la persona o empresa que recibirá los productos. Esto incluye el nombre, dirección de entrega y cualquier información de contacto relevante.
  - **Detalles del Envío:** En esta parte, se describen los detalles específicos de los productos que serán entregados. Esto puede incluir la cantidad de productos, una breve descripción de estos y, en algunos casos, los números de serie o códigos de identificación únicos.
  - **Fecha y Hora de Entrega Planificada:** Se indica la fecha y hora estimada en que se planea realizar la entrega. Esto ayuda a coordinar la entrega con el destinatario y a garantizar que alguien esté disponible para recibirla.

- ⇨ **Instrucciones Especiales:** Si hay instrucciones especiales para la entrega, como detalles sobre cómo acceder a la propiedad del destinatario o indicaciones específicas para encontrar la ubicación de entrega, estas se incluyen en esta sección.
- ⇨ **Firma del Remitente o Persona Autorizada:** La Orden de Reparto a menudo incluye un espacio para que el remitente o una persona autorizada firme y confirme la entrega de los productos al transportista o mensajero.
- ⇨ **Información del Transportista o Mensajero:** Si el documento es generado por una empresa de transporte, es común que se incluya información sobre el transportista o mensajero asignado, como su nombre y número de identificación.
- ⇨ **Espacio para Notas o Comentarios:** A veces, se reserva un espacio adicional en la Orden de Reparto para que el transportista o el destinatario agreguen notas o comentarios relevantes sobre la entrega o cualquier problema potencial.
- ⇨ **Número de Orden o Referencia:** Un número de orden o referencia único suele asignarse a cada Orden de Reparto para facilitar el seguimiento y la identificación de la entrega.
- ⇨ **Datos de Contacto de Emergencia:** En casos de emergencia o dificultades en la entrega, es importante incluir información de contacto de emergencia, como números de teléfono adicionales o direcciones alternativas.

- ♦ **Albarán:** El albarán es un documento que sirve como comprobante de la recepción de productos por parte del destinatario. Contiene información sobre los productos entregados, su cantidad y su estado al momento de la entrega. El destinatario firma el albarán como confirmación de la recepción.

Un Albarán es un documento esencial en las operaciones de entrega y recogida de productos. Las partes fundamentales de un albarán suelen incluir:

- ⇨ **Datos del Remitente:** Incluye el nombre, dirección y datos de contacto del remitente, que es la entidad que envía los productos.

- **Datos del Destinatario:** Contiene el nombre, dirección de entrega y datos de contacto del destinatario, que es la persona o entidad que recibirá los productos.
- **Fecha del Albarán:** Indica la fecha en que se emitió el albarán.
- **Número de Albarán:** Un número único que identifica de manera única cada albarán. Este número se utiliza para realizar un seguimiento de las entregas y como referencia en futuras transacciones.
- **Descripción de los Productos:** Detalla la lista de productos entregados, incluyendo la cantidad, una breve descripción, número de serie o cualquier otra información relevante para identificar los productos.
- **Cantidad Entregada:** Indica la cantidad de cada producto entregado, lo que facilita la reconciliación con los registros de inventario.
- **Estado de los Productos:** Puede indicar el estado de los productos entregados, como si están en buenas condiciones o si presentan daños visibles.
- **Firma del Destinatario o Persona Autorizada:** El destinatario o una persona autorizada firma el albarán como comprobante de la recepción de los productos. Esta firma verifica que los productos se entregaron de acuerdo con la descripción del albarán.
- **Observaciones o Notas:** Se reserva un espacio para agregar observaciones o comentarios relevantes sobre la entrega, como aclaraciones sobre la cantidad o la calidad de los productos entregados.
- **Nombre y Firma del Entregador:** El transportista o mensajero encargado de la entrega firma el albarán para confirmar que los productos han sido entregados de acuerdo con la descripción del documento.
- **Condiciones de Entrega:** Puede incluir información sobre las condiciones bajo las cuales se realizó la entrega, como la hora, el lugar y cualquier instrucción especial.

⇨ **Número de Pedido o Referencia:** Si se relaciona con un pedido previo, se incluye el número de pedido o referencia correspondiente.

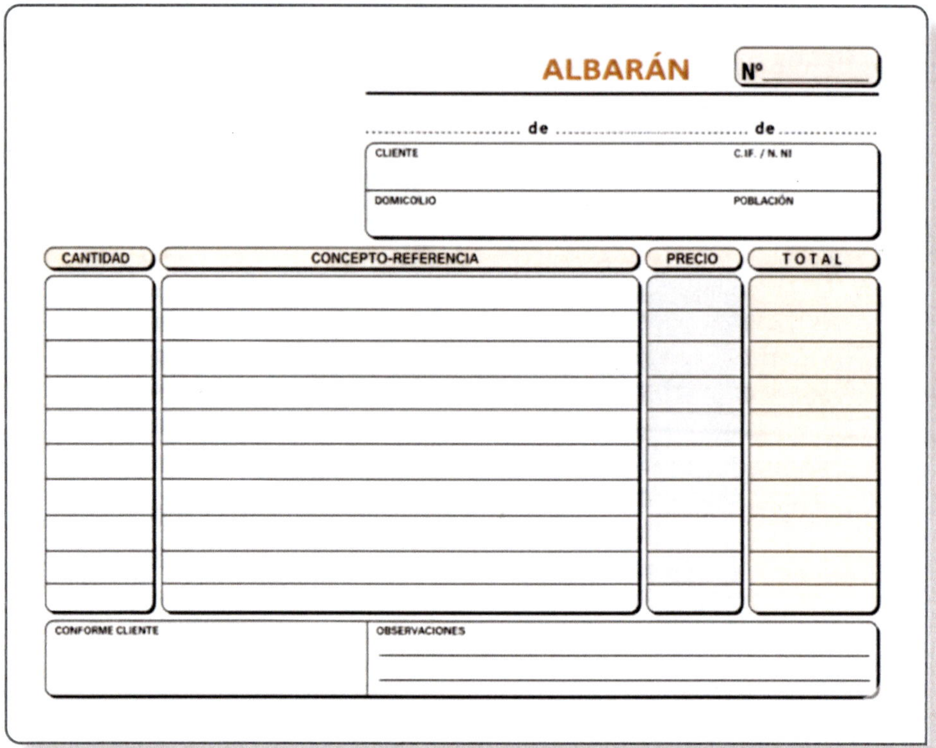

ALBARÁN Nº

.... de .... de ....

CLIENTE C.I.F. / N.I.F.

DOMICILIO POBLACIÓN

CANTIDAD	CONCEPTO-REFERENCIA	PRECIO	TOTAL

CONFORME CLIENTE

OBSERVACIONES

♦ **Nota de Entrega:** La nota de entrega es un documento similar al albarán y se utiliza para registrar la entrega de productos. Puede contener información adicional, como la hora y la fecha de la entrega, así como cualquier observación relevante.

Las partes fundamentales de una Nota de Entrega suelen incluir:

⇨ **Datos del Remitente:** Incluye el nombre, dirección y datos de contacto del remitente, que es la entidad que envía los productos.

⇨ **Datos del Destinatario:** Contiene el nombre, dirección de entrega y datos de contacto del destinatario, que es la persona o entidad que recibirá los productos.

⇨ **Fecha de la Entrega:** Indica la fecha en que se realizó la entrega de los productos.

- **Número de Nota de Entrega:** Un número único que identifica de manera exclusiva cada nota de entrega. Este número se utiliza para llevar un registro de las entregas y como referencia en futuras transacciones.
- **Descripción de los Productos:** Detalla la lista de productos entregados, incluyendo la cantidad, una breve descripción, número de serie o cualquier otra información relevante para identificar los productos.
- **Cantidad Entregada:** Indica la cantidad de cada producto entregado, lo que facilita la reconciliación con los registros de inventario.
- **Firma del Destinatario o Persona Autorizada:** El destinatario o una persona autorizada firma la nota de entrega como comprobante de la recepción de los productos. Esta firma verifica que los productos se entregaron de acuerdo con la descripción de la nota de entrega.
- **Estado de los Productos:** Puede indicar el estado de los productos entregados, como si están en buenas condiciones o si presentan daños visibles.
- **Observaciones o Notas:** Se reserva un espacio para agregar observaciones o comentarios relevantes sobre la entrega, como aclaraciones sobre la cantidad o la calidad de los productos entregados.
- **Nombre y Firma del Entregador:** El transportista o mensajero encargado de la entrega firma la nota de entrega para confirmar que los productos han sido entregados de acuerdo con la descripción del documento.
- **Condiciones de Entrega:** Puede incluir información sobre las condiciones bajo las cuales se realizó la entrega, como la hora, el lugar y cualquier instrucción especial.
- **Número de Pedido o Referencia:** Si se relaciona con un pedido previo, se incluye el número de pedido o referencia correspondiente.

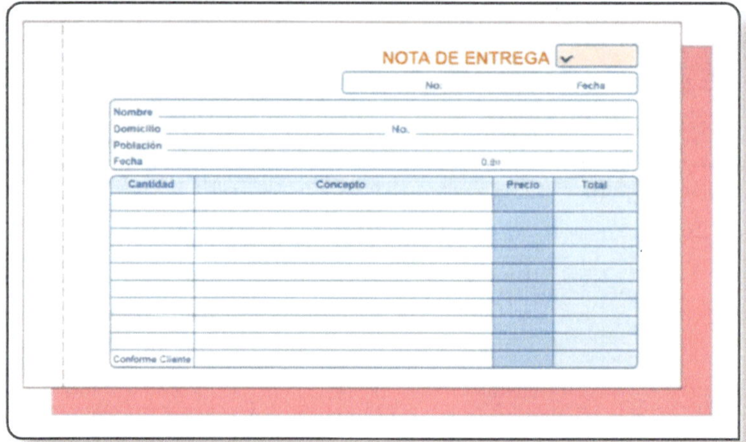

NOTA DE ENTREGA

No: Fecha

Nombre

Domicilio No.

Población

Fecha

Cantidad	Concepto	Precio	Total
Conforme Cliente			

- **Factura:** La factura es un documento que detalla los costos de los productos entregados y los servicios prestados. Se utiliza para fines contables y de facturación. En algunas situaciones, la factura puede entregarse junto con los productos, mientras que, en otras, se envía posteriormente.

  Las partes fundamentales de una factura suelen incluir:

  - **Datos del Emisor:** Esta sección contiene información sobre la empresa o persona que emite la factura. Incluye el nombre o razón social, dirección fiscal, número de identificación fiscal (NIF o CIF), datos de contacto y, en algunos casos, el logo de la empresa.
  - **Datos del Receptor:** Aquí se registran los detalles del cliente o destinatario de la factura. Esto incluye el nombre o razón social, dirección fiscal, número de identificación fiscal (NIF o CIF) y datos de contacto.
  - **Número de Factura:** Un número único que identifica de manera exclusiva cada factura. Este número se utiliza para llevar un registro de las transacciones y como referencia en futuras comunicaciones.
  - **Fecha de Emisión:** Indica la fecha en que se emitió la factura.
  - **Fecha de Vencimiento:** Especifica la fecha límite en la que se espera que el receptor de la factura realice el pago. Es importante para establecer los plazos de pago.

⇨ **Descripción de los Bienes o Servicios:** Detalla los bienes o servicios vendidos, incluyendo una descripción detallada, cantidad, precio unitario y, en algunos casos, el código del producto o servicio.

⇨ **Subtotal:** Muestra el cálculo del subtotal, que es la suma total de los importes de los bienes o servicios antes de aplicar impuestos.

⇨ **Impuestos:** Desglosa los impuestos que se aplican a la factura, como el Impuesto al Valor Agregado (IVA) u otros impuestos locales. Se indican los importes y las tasas de impuestos correspondientes.

⇨ **Total a Pagar:** Indica el importe total que el receptor de la factura debe pagar, incluyendo el subtotal más los impuestos.

⇨ **Datos Bancarios:** En algunos casos, se proporcionan los detalles de la cuenta bancaria del emisor de la factura para que el receptor realice el pago, incluyendo el nombre del banco, el número de cuenta y el IBAN.

⇨ **Condiciones de Pago:** Puede incluir términos y condiciones relacionados con el pago, como los plazos de pago aceptables y cualquier cargo por pagos atrasados.

⇨ **Notas o Comentarios:** Se reserva un espacio para agregar notas adicionales o comentarios relevantes, como instrucciones de pago específicas o agradecimientos.

⇨ **Datos Legales:** Dependiendo de las regulaciones locales y las leyes fiscales, la factura puede requerir ciertos datos legales, como la identificación fiscal del emisor y del receptor, así como la referencia a la legislación fiscal aplicable.

⇨ **Firma o Aprobación:** Algunas facturas requieren la firma del emisor o una aprobación formal para validar la transacción.

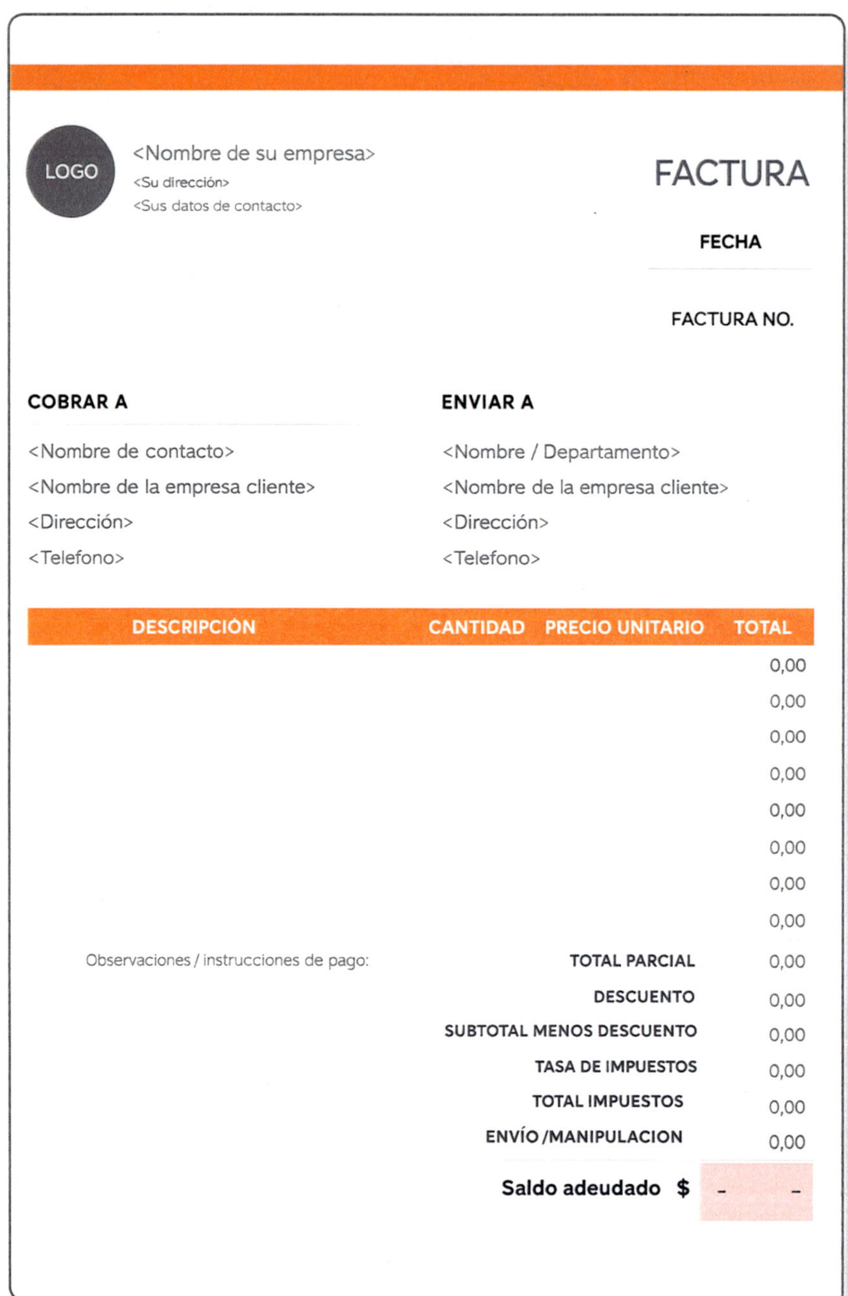

LOGO

<Nombre de su empresa>
<Su dirección>
<Sus datos de contacto>

FACTURA

FECHA

FACTURA NO.

COBRAR A	ENVIAR A
<Nombre de contacto>	<Nombre / Departamento>
<Nombre de la empresa cliente>	<Nombre de la empresa cliente>
<Dirección>	<Dirección>
<Telefono>	<Telefono>

DESCRIPCIÓN	CANTIDAD	PRECIO UNITARIO	TOTAL
			0,00
			0,00
			0,00
			0,00
			0,00
			0,00
			0,00
			0,00
Observaciones / instrucciones de pago:		TOTAL PARCIAL	0,00
		DESCUENTO	0,00
		SUBTOTAL MENOS DESCUENTO	0,00
		TASA DE IMPUESTOS	0,00
		TOTAL IMPUESTOS	0,00
		ENVÍO /MANIPULACION	0,00
		Saldo adeudado $	- -

- **Avisos de Llegada:** Los avisos de llegada son notificaciones que se envían al destinatario para informarle que su envío está en camino y que se espera su entrega en un momento específico. Estos avisos ayudan a coordinar la recepción.

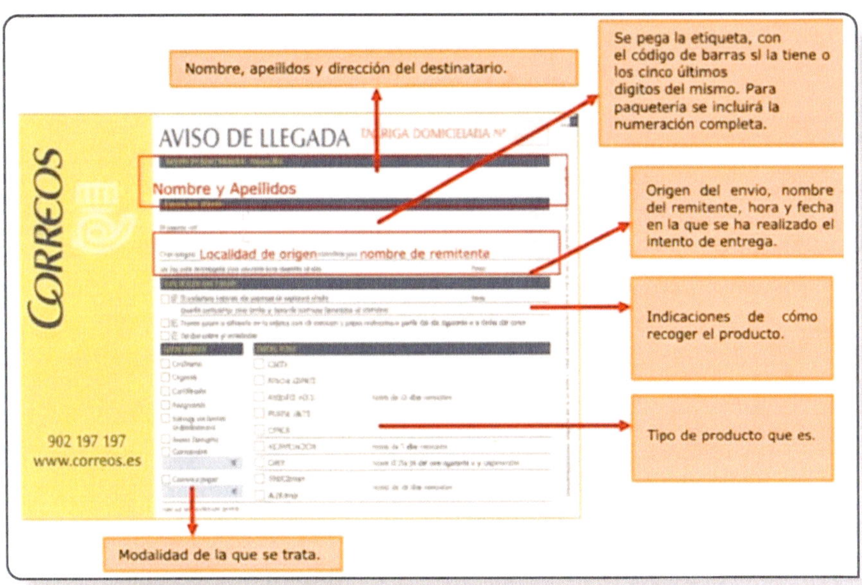

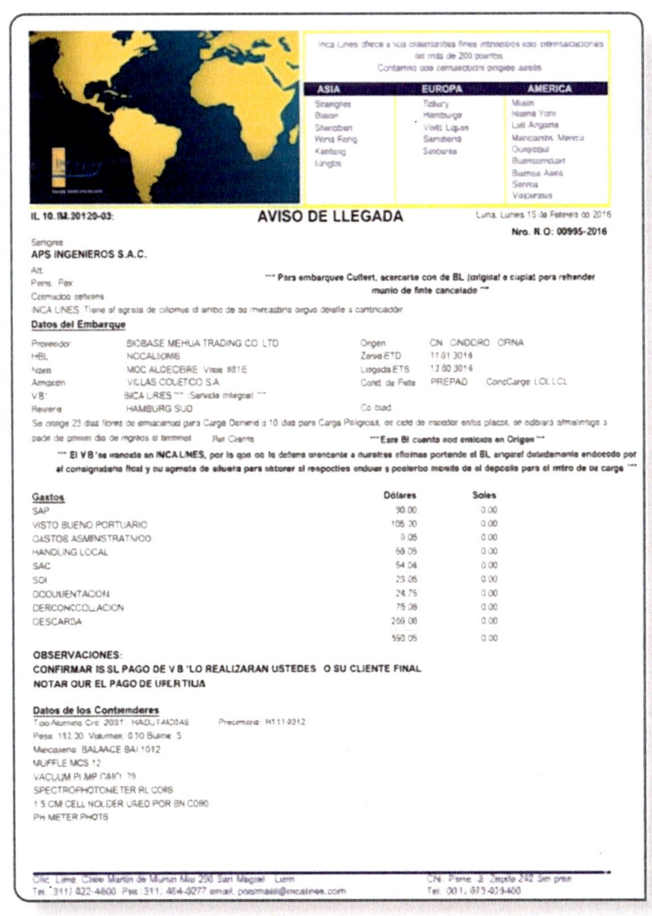

ASIA | EUROPA | AMERICA

IL 10.IM.20120-03: **AVISO DE LLEGADA** Lima, Lunes 15 de Febrero de 2016

Nro. N O: 00995-2016

APS INGENIEROS S.A.C.

Datos del Embarque

Proveedor	BIOBASE MEHUA TRADING CO. LTD	Origen	CN
HBL		Zona ETD	
		Llegada ETS	
	VILLAS COLETCO S.A.	Cond. de Flete	PREPAD
VB'			
	HAMBURG SUD		

Gastos	Dólares	Soles
SAP	90.00	0.00
VISTO BUENO PORTUARIO	105.30	0.00
GASTOS ADMINISTRATIVOS	0.05	0.00
HANDLING LOCAL	60.05	0.00
SAC	54.04	0.00
SCI	23.05	0.00
DOCUMENTACION	24.75	0.00
DESCONSOLIDACION	75.06	0.00
DESCARGA	205.00	0.00
	550.05	0.00

OBSERVACIONES:

CONFIRMAR IS SL PAGO DE V B 'LO REALIZARAN USTEDES O SU CLIENTE FINAL

NOTAR QUR EL PAGO DE UFER TIUA

Datos de los Contenedores

MUFFLE MCS 12

VACUUM PUMP

SPECTROPHOTOMETER

PH METER PHOTB

- **Documentación Logística:** En operaciones de logística más complejas, puede ser necesario contar con documentación adicional, como hojas de ruta, listas de embarque y guías de carreteras. Estos documentos son útiles para planificar y ejecutar rutas de reparto eficientes.

2. Órdenes de reparto: definición de recorrido/ rutas de reparto

Las órdenes de reparto son un componente crítico en la gestión de la logística y la entrega de productos. Estas órdenes son instrucciones detalladas que guían a los repartidores en la entrega de bienes o servicios a los clientes. Uno de los aspectos fundamentales de una orden de reparto es la definición de la ruta o recorrido que el repartidor debe seguir para entregar los productos de manera eficiente y puntual.

A continuación, se describen los elementos clave y las mejores prácticas para definir recorridos o rutas de reparto de manera efectiva:

2.1. Planificación de Rutas:

Antes de comenzar cualquier reparto, es esencial planificar las rutas de entrega. Esto implica revisar la lista de entregas pendientes y determinar el orden más lógico y eficiente para visitar cada ubicación de entrega.

Utiliza herramientas de planificación de rutas o aplicaciones de gestión de flotas si están disponibles, ya que pueden ayudar a optimizar las rutas y minimizar el tiempo y los recursos requeridos.

2.2. Conocimiento del Territorio:

Un repartidor eficiente debe tener un conocimiento sólido del territorio en el que opera. Esto incluye conocer las calles, las ubicaciones de clientes, las zonas de tráfico y las condiciones de la carretera.

Utiliza mapas físicos o aplicaciones de navegación, como GPS, para ayudarte a navegar y evitar pérdidas de tiempo innecesarias.

2.3. Agrupación Lógica:

Agrupa las entregas que se encuentran cerca unas de otras en una misma zona o vecindario. Esto reduce la necesidad de desplazarse largas distancias entre entregas y ahorra tiempo y combustible.

Intenta evitar trayectos innecesariamente largos o rutas zigzagueantes.

2.4. Priorización de Entregas:

Prioriza las entregas según la urgencia y los plazos acordados con los clientes. Las entregas urgentes deben tratarse con prioridad para cumplir con las expectativas de los clientes.

Mantén una comunicación constante con el centro de operaciones para recibir actualizaciones sobre cambios en las prioridades de entrega.

2.5. Horarios de Entrega:

Conoce los horarios de operación de los clientes y respeta sus ventanas de entrega preferidas. Evita entregas tempranas o tardías que puedan causar inconvenientes.

Coordina con los clientes para acordar horarios convenientes cuando sea necesario.

2.6. Documentación y Seguimiento:

Lleva consigo todas las órdenes de reparto y documentos necesarios, como albaranes o notas de entrega, para cada cliente.

Realiza un seguimiento meticuloso de las entregas realizadas y utiliza sistemas de registro electrónico, si es posible, para mantener un registro preciso.

2.7. Comunicación Eficiente:

Comunica cualquier retraso o problema en la entrega de manera inmediata al centro de operaciones y al cliente.

Mantén una comunicación abierta y profesional con los clientes en caso de cualquier inconveniente.

2.8. Seguridad en la Carretera:

Prioriza la seguridad vial en todo momento. Respeta los límites de velocidad, las normas de tráfico y las condiciones climáticas.

Realiza inspecciones regulares del vehículo para garantizar que esté en condiciones óptimas.

2.9. Flexibilidad y Adaptación:

A medida que surgen cambios inesperados, como problemas de tráfico o modificaciones en las entregas, sé flexible y capaz de adaptarte a la situación sin comprometer la calidad del servicio.

Definir recorridos o rutas de reparto de manera efectiva requiere planificación, conocimiento del territorio y una comunicación eficiente. Los repartidores que siguen estas mejores prácticas pueden ofrecer un servicio de entrega confiable y satisfactorio a los clientes, lo que es esencial en el mundo de la logística y la distribución.

3. INTERPRETACIÓN DE MAPAS Y HERRAMIENTAS DE NAVEGACIÓN

La interpretación de mapas, ya sean físicos o virtuales, es una habilidad crucial para los repartidores de mercancías. Dominar esta habilidad les permite navegar con eficacia y realizar entregas puntuales.

Aquí te proporcionamos detalles importantes sobre cómo interpretar diversos tipos de mapas y herramientas de navegación:

3.1. Mapas Físicos:

- Los mapas físicos en papel siguen siendo una herramienta valiosa. Están diseñados para representar áreas geográficas reales con detalles topográficos, como carreteras, ríos, montañas y ciudades.
- Aprende a identificar elementos clave en un mapa físico, como los puntos cardinales (norte, sur, este, oeste), leyendas, escalas de distancia y símbolos representativos.

3.2. Callejeros Digitales:

- Los callejeros digitales son versiones electrónicas de los mapas tradicionales. Pueden ser navegados en dispositivos móviles o computadoras.

- Aprovecha las funciones interactivas, como el zoom y la búsqueda, para ubicar direcciones y rutas con mayor precisión.

3.3. Guías de Carreteras y Atlas de Carreteras y Turísticos:

- Las guías de carreteras y los atlas proporcionan información detallada sobre rutas y carreteras específicas. Son útiles para planificar recorridos largos.

- Familiarízate con las claves de simbología y las páginas de índice que te ayudarán a encontrar rápidamente ubicaciones y direcciones.

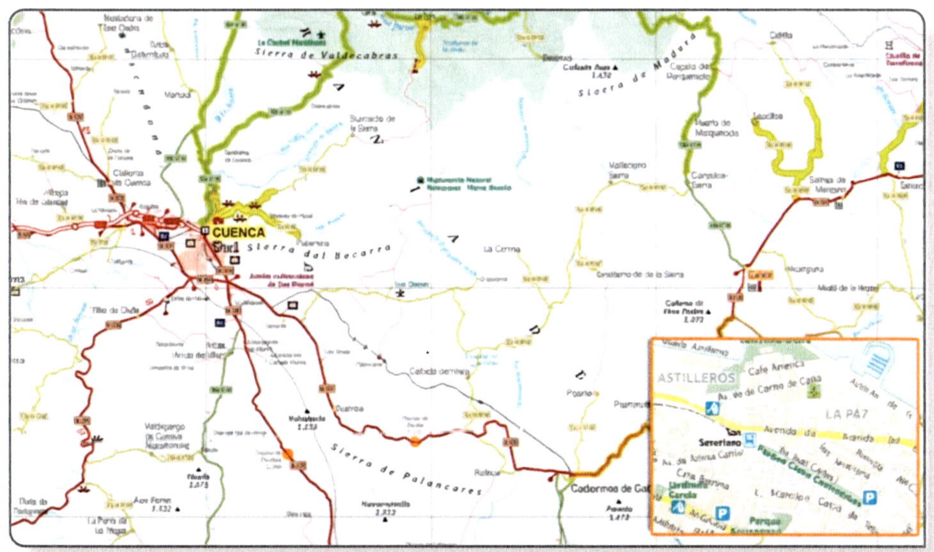

3.4. Hojas de Ruta o Listas de Embarque:

- Las hojas de ruta son documentos que enumeran las entregas en el orden en que deben realizarse. Proporcionan una visión general de la ruta de entrega.
- Estudia cuidadosamente la hoja de ruta antes de salir y sigue el orden especificado para evitar confusiones.

3.5. Aplicaciones Informáticas:

- Las aplicaciones de navegación, como Google Maps o Waze, son herramientas esenciales para los repartidores. Ofrecen indicaciones precisas y en tiempo real.
- Aprende a ingresar destinos, ajustar las preferencias de ruta y utilizar funciones de tráfico en estas aplicaciones.

3.6. GPS (Sistema de Posicionamiento Global):

- Los dispositivos GPS proporcionan orientación y seguimiento de ubicación en tiempo real. Son altamente confiables para la navegación.
- Comprende cómo utilizar un GPS para establecer destinos, recibir direcciones auditivas y visuales, y realizar un seguimiento preciso de tu ubicación en el mapa.

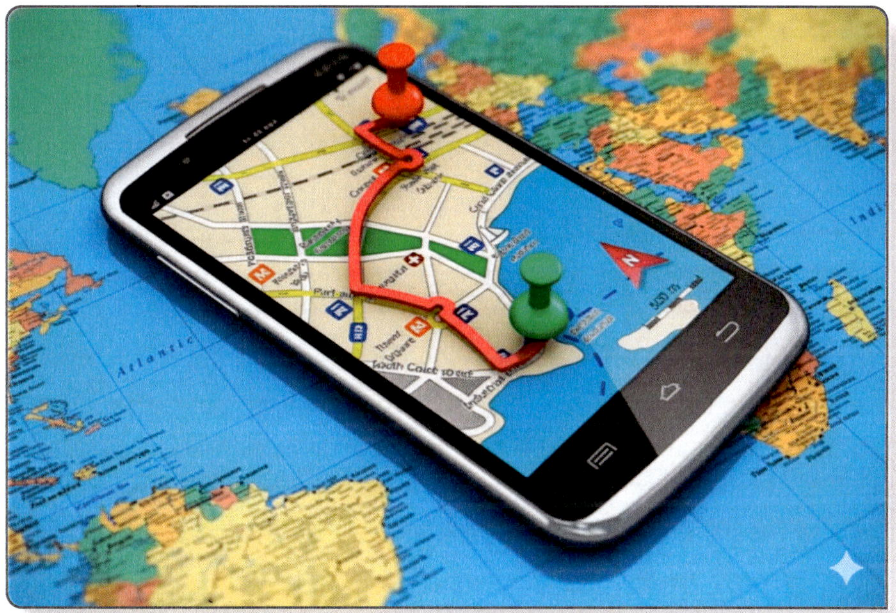

3.7. Actualizaciones y Tráfico en Tiempo Real:

- Mantente al tanto de las actualizaciones de tráfico en tiempo real a través de tus dispositivos de navegación. Esto te permite evitar atascos y retrasos.
- Aprende a utilizar las funciones de reenrutamiento de tus herramientas de navegación en caso de problemas en la ruta.

3.8. Planificación y Flexibilidad:

- Antes de comenzar, planifica tu ruta con anticipación y establece tiempos de llegada estimados para cada entrega.
- Sin embargo, mantén la flexibilidad para adaptarte a situaciones imprevistas, como cambios en la dirección o problemas de tráfico.

3.9. Práctica en el Terreno:

- La práctica en el terreno es esencial. Realiza rutas de práctica para familiarizarte con el área de entrega y las ubicaciones específicas de los clientes.
- Refuerza tus habilidades de orientación en el mundo real y ajusta tu enfoque según la experiencia adquirida.

La interpretación de mapas físicos y virtuales, junto con el uso de herramientas de navegación, es una habilidad fundamental para los repartidores de mercancías. Con la práctica y la comprensión adecuada de estas herramientas, podrás realizar entregas de manera eficiente y puntual, lo que es esencial para el éxito en esta profesión.

4. El embarriado

El término "embarriado" es fundamental en el campo de la entrega de mercancías y logística, y es esencial para cualquier estudiante que desee comprender en detalle cómo se organizan y gestionan las operaciones de reparto. A continuación, se explorará qué es el embarriado, para qué sirve y por qué es relevante en el mundo de la entrega de mercancías:

¿Qué es el Embarriado? El embarriado es un concepto que hace referencia a la agrupación estratégica de entregas o recogidas en una zona geográfica específica durante una ruta de reparto. Es una técnica que permite a las empresas de logística y a los repartidores optimizar su eficiencia al minimizar la distancia y el tiempo de viaje entre las ubicaciones de entrega o recogida. En esencia, se trata de reunir todas las entregas posibles en una misma área o "barrio", de ahí el término "embarriado".

¿Para Qué Sirve el Embarriado? El embarriado tiene varios objetivos y beneficios significativos para las operaciones de entrega de mercancías:

1. **Eficiencia en Tiempo y Combustible:** Al agrupar las entregas en una misma área geográfica, se reduce la necesidad de desplazarse largas distancias entre ubicaciones. Esto ahorra tiempo y combustible, lo que es beneficioso tanto para la empresa como para el medio ambiente.

2. **Optimización de Recursos:** Permite aprovechar al máximo los recursos disponibles, como vehículos y repartidores. Al evitar viajes innecesarios, se maximiza la capacidad de entrega en una ruta dada.

3. **Entregas Puntuales:** Al reducir la distancia entre ubicaciones, aumenta la probabilidad de realizar entregas dentro de los plazos acordados con los clientes, lo que contribuye a la satisfacción del cliente.

4. **Reducción de Costos:** Menos kilometraje y tiempo de viaje significan menos costos operativos en términos de combustible y mantenimiento de vehículos.

5. **Menor Congestión de Tráfico:** El embarriado puede ayudar a evitar rutas congestionadas, lo que reduce el estrés y el tiempo de viaje de los repartidores.

Cómo se Realiza el Embarriado: El embarriado no es una tarea sencilla y requiere una planificación meticulosa. Algunos pasos clave para llevar a cabo el embarriado de manera efectiva incluyen:

1. **Análisis de Entregas:** Evaluar las entregas pendientes y agruparlas en función de su proximidad geográfica.

2. **Planificación de Rutas:** Crear rutas de reparto que incluyan todas las entregas agrupadas en un mismo barrio.

3. **Priorización:** Determinar la prioridad de las entregas según la urgencia y los acuerdos con los clientes.

4. **Comunicación:** Mantener una comunicación efectiva con los repartidores para que comprendan la ruta y las entregas asignadas.

5. **Seguimiento en Tiempo Real:** Utilizar herramientas de seguimiento en tiempo real, como GPS, para ajustar la ruta según sea necesario y responder a cambios imprevistos.

En resumen, el embarriado es una técnica esencial para optimizar las operaciones de entrega de mercancías al agrupar entregas en áreas geográficas cercanas. Su aplicación adecuada puede mejorar la eficiencia, reducir costos y garantizar entregas puntuales, lo que beneficia tanto a las empresas de logística como a los clientes. Los estudiantes de entrega de mercancías deben comprender este concepto y su importancia para convertirse en repartidores eficientes y efectivos.

5. Modalidades de entrega y recogida

En el ámbito de la logística de reparto, existen diversas modalidades de entrega y recogida que se adaptan a las necesidades y preferencias tanto de las empresas como de los clientes. Cada una de estas modalidades presenta características específicas que influyen en el proceso de entrega de mercancías. A continuación, exploraremos las modalidades más comunes y sus principales características:

5.1. Entrega en Mano:

- **Características:** En esta modalidad, el repartidor entrega la mercancía directamente al destinatario en persona. Se requiere una interacción directa entre el repartidor y el cliente.
- **Uso Común:** Ampliamente utilizado en entregas de alto valor, productos delicados o cuando se necesita una confirmación de entrega por parte del cliente.

5.2. Buzones:

- **Características:** Las entregas se dejan en el buzón del cliente, que puede ser un buzón de correo tradicional o un buzón específico para paquetes. No se requiere interacción directa con el cliente.

- **Uso Común:** Principalmente utilizado para documentos, correspondencia y paquetes pequeños que se ajustan en un buzón estándar.

5.3. Taquillas Inteligentes:

- **Características:** Las taquillas inteligentes son compartimentos automatizados y seguros donde se colocan los paquetes. El cliente recibe un código o notificación para abrir la taquilla y recoger su mercancía.

- **Uso Común:** Cada vez más utilizado en entornos urbanos y edificios de apartamentos para facilitar la entrega segura de paquetes cuando los destinatarios no están en casa.

5.4. Porterías:

- **Características:** En esta modalidad, el repartidor entrega la mercancía al portero o conserje del edificio o complejo de apartamentos. El portero actúa como intermediario y recoge la mercancía en nombre del destinatario.

- **Uso Común:** Frecuentemente utilizado en edificios residenciales y complejos comerciales para gestionar las entregas cuando los residentes o inquilinos no están disponibles.

5.5. Locales Comerciales:

- **Características:** Las entregas se realizan en locales comerciales, como tiendas minoristas o almacenes, en lugar de en el domicilio del cliente. El cliente posteriormente recoge la mercancía en el local.

- **Uso Común:** Aplicado en el comercio electrónico cuando los clientes eligen recoger sus compras en una tienda física en lugar de recibirlas en casa.

Cada una de estas modalidades de entrega y recogida tiene ventajas y desventajas, y su elección depende en gran medida de la naturaleza de los productos, las preferencias del cliente y las políticas de la empresa de reparto. La capacidad de adaptarse a diferentes modalidades de entrega es esencial para los repartidores y las empresas de logística, ya que permite satisfacer las diversas necesidades de los clientes y garantizar una experiencia de entrega eficiente y conveniente.

6. Medios de identificación del destinatario o autorizado: DNI, NIE, pasaporte

En el proceso de entrega de mercancías, garantizar la correcta identificación del destinatario o de la persona autorizada para recibir el producto es esencial para mantener la seguridad y la integridad de la entrega. Los medios de identificación desempeñan un papel fundamental en esta tarea. A continuación, se explorarán algunos de los medios de identificación más comunes utilizados en la entrega de mercancías:

6.1. Documento Nacional de Identidad (DNI):

- El DNI es un documento de identificación oficial emitido por el gobierno de un país. Contiene información personal del individuo, como nombre, fotografía, fecha de nacimiento y un número único de identificación.
- En el contexto de la entrega de mercancías, el repartidor puede requerir que el destinatario presente su DNI como prueba de identidad antes de entregar la mercancía.
- El DNI es ampliamente utilizado en entregas nacionales e internacionales para verificar la identidad del receptor.

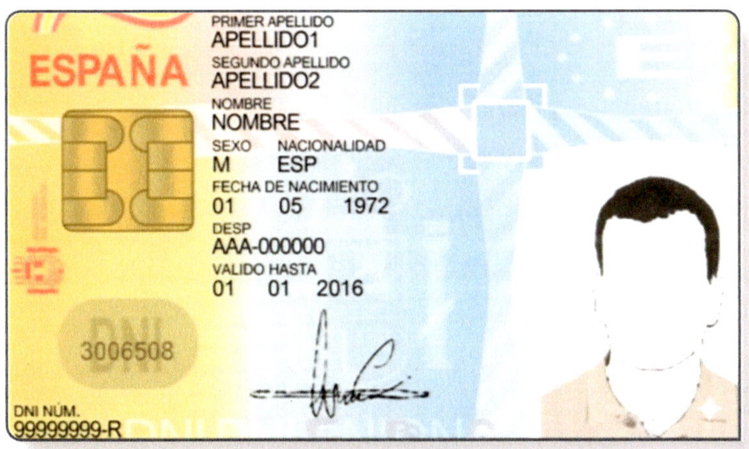

6.2. Número de Identificación de Extranjero (NIE):

- El NIE es un número de identificación asignado a los extranjeros que residen legalmente en un país. Es equivalente al DNI pero está destinado a personas de origen extranjero.
- Los repartidores pueden solicitar el NIE como medio de identificación si el destinatario es un extranjero residente en el país de entrega.

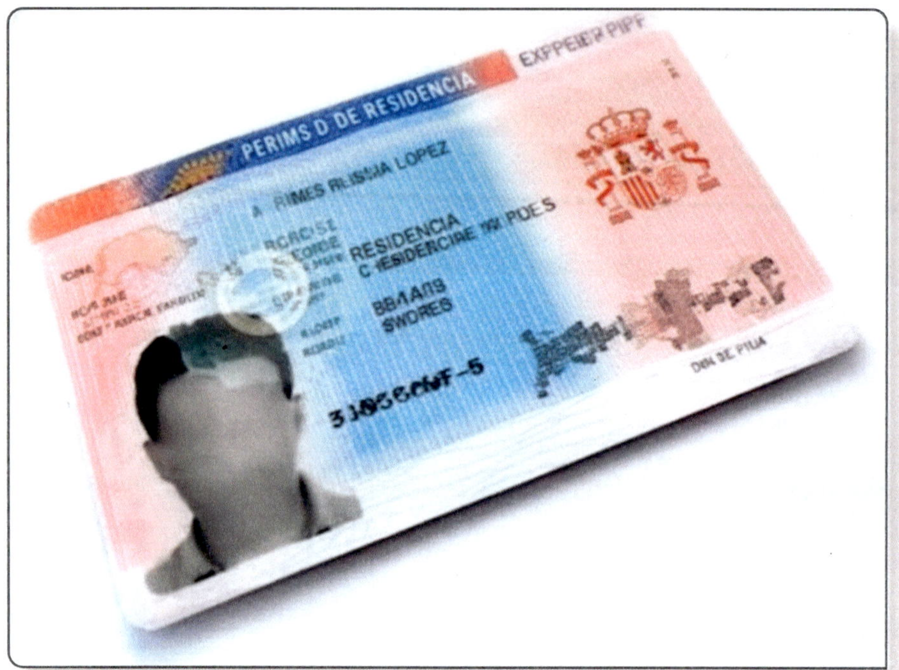

6.3. Pasaporte:

- El pasaporte es un documento de identificación internacional emitido por un gobierno. Contiene información personal, incluida una fotografía, nombre, fecha de nacimiento y nacionalidad del titular.
- A veces, en entregas internacionales, se puede requerir el pasaporte como medio de identificación para asegurarse de que el destinatario sea la persona adecuada.

6.4. Documentos Oficiales de Autorización:

- Además de los documentos de identificación personal, en algunas situaciones, el destinatario puede designar a otra persona para recibir la mercancía en su nombre. En estos casos, se pueden utilizar documentos de autorización firmados y autenticados para permitir la entrega.
- Estos documentos deben incluir detalles precisos sobre quién está autorizado para recibir la mercancía y estar respaldados por la firma y la identificación del destinatario original.

6.5. Contraseñas o Códigos de Acceso:

- En algunas entregas, especialmente en taquillas inteligentes o puntos de recogida, se pueden utilizar contraseñas o códigos de acceso en lugar de documentos físicos para verificar la identidad del receptor.
- El destinatario proporciona el código de acceso al repartidor o al sistema de entrega para confirmar su autorización para recoger la mercancía.

La elección del medio de identificación adecuado depende de varios factores, como las políticas de la empresa de logística, las regulaciones locales y la naturaleza de la entrega. Garantizar una identificación adecuada es fundamental para prevenir entregas incorrectas y mantener la seguridad en el proceso de entrega de mercancías. Los repartidores deben estar familiarizados con los medios de identificación y seguir los procedimientos establecidos para verificar la identidad de los destinatarios o personas autorizadas.

7. El cotejo de documentos y registros: modalidades

El cotejo de documentos y registros es una parte crítica del proceso de entrega de mercancías, ya que garantiza que la entrega se realice de manera precisa y segura. Esta verificación se realiza para asegurarse de que tanto el repartidor como el destinatario tengan la información y la documentación correcta antes de concluir la entrega. A continuación, se exploran algunas modalidades y procedimientos comunes para el cotejo de documentos y registros en el contexto de la entrega de mercancías:

- Verificación de Documentos Físicos:
  - En esta modalidad, el repartidor y el destinatario revisan y comparan los documentos físicos, como la orden de reparto, el albarán, la nota de entrega y la factura.
  - El repartidor puede requerir que el destinatario proporcione su documento de identificación (DNI, NIE, pasaporte) para verificar su identidad antes de la entrega.
  - Esta modalidad es ampliamente utilizada en entregas en mano y en locales comerciales donde se recoge la mercancía en persona.
- Escaneo de Códigos de Barras:
  - En muchas operaciones logísticas, los documentos y las mercancías están etiquetados con códigos de barras únicos.
  - El repartidor utiliza un lector óptico de códigos de barras para escanear los códigos en los documentos y las mercancías, verificando que coincidan con la información registrada en el sistema de seguimiento y entrega.

- ⇨ Esta modalidad es especialmente eficiente en entornos de almacén y centros de distribución.

- ♦ Confirmación Electrónica:
  - ⇨ En las entregas modernas, la confirmación electrónica es una modalidad común. El destinatario firma electrónicamente en un dispositivo electrónico, como una PDA (Asistente Digital Personal) o un terminal de punto de venta (TPV).
  - ⇨ La firma electrónica se registra y se asocia al documento de entrega correspondiente.
  - ⇨ Este método es eficaz para mantener registros digitales precisos de las entregas y garantizar la autenticidad de la confirmación.

- ♦ Verificación de Contenido:
  - ⇨ Además de los documentos, el repartidor puede verificar físicamente el contenido de la mercancía.
  - ⇨ Esto implica abrir el paquete o el contenedor y confirmar que los productos o artículos coincidan con lo que se indica en la documentación.
  - ⇨ Es una modalidad crítica para garantizar que la mercancía entregada sea la correcta y esté en buen estado.

- ♦ Registro de Incidencias:
  - ⇨ En caso de cualquier discrepancia, daño o problema con la mercancía o la documentación, se registra una incidencia.
  - ⇨ Esto puede incluir la documentación de productos faltantes, dañados o incorrectos, así como cualquier problema de entrega.
  - ⇨ La gestión adecuada de las incidencias es fundamental para resolver problemas de manera eficiente.

La modalidad de cotejo de documentos y registros puede variar según la empresa de logística y el tipo de entrega. La elección de la modalidad adecuada depende de la situación específica y el nivel de seguridad requerido.

En todos los casos, el objetivo principal es asegurar que la entrega se realice de manera precisa y que todas las partes involucradas estén plenamente informadas y satisfechas con el proceso.

8. Aplicaciones de registro de envíos, entregas, recogidas, devoluciones e incidencias

En el ámbito de la entrega de mercancías, la precisión y la eficiencia son fundamentales. Para lograrlo, se utilizan diversas aplicaciones y herramientas tecnológicas que permiten el registro y el seguimiento de envíos, entregas, recogidas, devoluciones e incidencias. Estas aplicaciones desempeñan un papel esencial en la gestión logística y contribuyen a garantizar que las operaciones de entrega se realicen de manera efectiva. A continuación, se presentan algunas de las aplicaciones de registro más comunes utilizadas en la entrega de mercancías:

- Asistentes Digitales Personales (PDAs):
  - Las PDAs son dispositivos portátiles que permiten a los repartidores registrar información de manera eficiente durante las entregas.
  - Los repartidores pueden utilizar PDAs para escanear códigos de barras en documentos y productos, confirmar entregas mediante firma electrónica, y registrar cualquier incidencia en tiempo real.
  - Estas herramientas son especialmente útiles para mantener registros digitales precisos y reducir el papeleo.
- Terminales de Punto de Venta (TPVs):
  - Los TPVs son sistemas que se utilizan en el punto de venta, pero también se emplean en la entrega de mercancías, especialmente en locales comerciales y puntos de recogida.
  - Permiten la firma electrónica del destinatario y la captura de información relevante sobre la entrega y la devolución de productos.
  - Los TPVs pueden estar conectados a sistemas centrales que gestionan la logística de reparto.

- Lectores Ópticos de Códigos de Barras:
  - ⇨ Los lectores de códigos de barras son dispositivos que escanean códigos de barras en documentos y etiquetas de productos.
  - ⇨ Facilitan la identificación y el registro precisos de los productos y documentos, lo que agiliza el proceso de entrega y reduce los errores.
  - ⇨ Estos lectores están ampliamente integrados en aplicaciones de registro y seguimiento.

- Aplicaciones Móviles Específicas:
  - ⇨ Muchas empresas de logística desarrollan aplicaciones móviles personalizadas para sus repartidores.

- Estas aplicaciones permiten a los repartidores acceder a información de envíos, gestionar rutas, tomar fotos de productos entregados o dañados, y registrar incidencias.
- Facilitan la comunicación en tiempo real entre el repartidor y la central logística.

- Sistemas de Gestión de Incidencias:
  - Estos sistemas están diseñados para gestionar y documentar incidencias durante el proceso de entrega.
  - Permiten la creación de registros detallados de problemas como productos dañados, entregas fallidas o reprogramaciones.
  - La gestión adecuada de incidencias es fundamental para la resolución eficiente de problemas y la mejora continua de los procesos.
- Plataformas de Seguimiento en Tiempo Real:
  - Algunas empresas de logística ofrecen a sus clientes la posibilidad de realizar un seguimiento en tiempo real de la entrega de sus mercancías a través de plataformas en línea.
  - Estas plataformas muestran la ubicación del repartidor, el estado de la entrega y cualquier incidencia que pueda surgir.

El uso de estas aplicaciones y herramientas tecnológicas no solo mejora la eficiencia en las operaciones de entrega, sino que también proporciona un mayor nivel de transparencia y trazabilidad. Los repartidores y las empresas de logística dependen cada vez más de estas soluciones para ofrecer un servicio de calidad y satisfacer las expectativas de los clientes en un mundo cada vez más digitalizado.

RESUMEN

El documento proporciona una descripción detallada de los procedimientos, documentación y medios propios del reparto y recogida a domicilio en el contexto de la logística y entrega de mercancías. Incluye:

Documentación Básica: Se explica la importancia de varios documentos en las operaciones de entrega y recogida a domicilio, como la Orden de Reparto, Albarán, Nota de Entrega y Factura. Cada documento se detalla con sus partes fundamentales, como información del remitente y destinatario, detalles del envío, instrucciones especiales, firma y número de referencia.

Órdenes de Reparto y Rutas: Se describen las mejores prácticas y elementos clave para definir rutas de reparto efectivas, incluyendo planificación de rutas, conocimiento del territorio, agrupación lógica de entregas, priorización y horarios de entrega.

Interpretación de Mapas y Herramientas de Navegación: Se subraya la importancia de comprender diferentes tipos de mapas y herramientas de navegación, como mapas físicos, guías de carreteras, hojas de ruta, aplicaciones de navegación y GPS.

Embarriado: Se explica el concepto de embarriado, que se refiere a la agrupación estratégica de entregas en una zona específica para optimizar la eficiencia en tiempo y recursos.

Modalidades de Entrega y Recogida: Se describen distintas modalidades como entrega en mano, buzones, taquillas inteligentes, porterías y locales comerciales, cada una con sus características y usos comunes.

Medios de Identificación del Destinatario: Se detallan los medios comunes de identificación en entregas, como DNI, NIE y pasaporte, y su importancia en la seguridad y verificación de entregas.

Cotejo de Documentos y Registros: Se describen diferentes modalidades para verificar documentos y registros durante la entrega, como verificación de documentos físicos, escaneo de códigos de barras y confirmación electrónica.

Aplicaciones de Registro: Se exploran herramientas tecnológicas utilizadas en la gestión logística, como PDAs, TPVs, lectores ópticos de códigos de barras, aplicaciones móviles y sistemas de gestión de incidencias, destacando su papel en mejorar la eficiencia y transparencia de las operaciones de entrega.

MÓDULO

2. Operaciones posteriores a la entrega/recogida

Contenido del Módulo

2.1. Tratamiento de los productos tras el proceso de entrega

2.2. La documentación de la entrega y/o recogida

UNIDAD

2.1. Tratamiento de los productos tras el proceso de entrega

Contenido de la Unidad

- Tareas después del reparto
- Registro de las entregas/recogidas
- Tratamiento según la naturaleza del producto. Productos Perecederos: Refrigeración y Congelación
- Manejo Específico por Tipo de Producto. Alimentos
- Medicamentos
- Productos de Limpieza
- Productos No Perecederos o Duraderos
- Productos Frágiles
- Mercancías Peligrosas
- Productos Dimensionales
- Otros Productos
- Protocolos y Procedimientos Específicos
- Consideraciones sobre el resultado de la entrega y/o recogida atendiendo a posibles incidencias en el proceso
- Gestiones relacionadas con los productos no entregados o con incidencias
- Resumen

1. Tareas después del reparto

1.1. Control en los Sistemas

Tras la finalización del proceso de reparto, es crucial implementar un control efectivo en los sistemas para garantizar la trazabilidad y eficiencia del servicio. Este control abarca varios aspectos fundamentales:

- **Revisión y Actualización de la Base de Datos:** Inmediatamente después del reparto, es esencial revisar y actualizar la base de datos del sistema con la información más reciente sobre las entregas realizadas. Esto incluye confirmar los envíos entregados, registrar cualquier incidencia o particularidad observada durante la entrega, y actualizar el estado de los pedidos. Este paso es vital para mantener la precisión de los registros y asegurar una comunicación efectiva con los clientes.

- **Uso de Software Especializado:** La implementación de software especializado para la gestión de entregas es un recurso clave en este proceso. Estos sistemas permiten una supervisión detallada de cada entrega, ofreciendo funciones como seguimiento en tiempo real, generación automática de reportes y alertas en caso de desviaciones o incidencias. La capacidad de estos sistemas para integrar y analizar datos de manera rápida y precisa es fundamental para un control efectivo post-reparto.

- **Verificación de Conformidad con los Procedimientos Establecidos:** Es importante verificar que todas las entregas se hayan realizado siguiendo los procedimientos establecidos por la empresa. Esto incluye la confirmación de que los productos se entregaron en las condiciones adecuadas, dentro del tiempo estipulado, y al destinatario correcto. Cualquier desviación de estos estándares debe ser identificada y abordada de manera oportuna.

- **Gestión de Devoluciones y Envíos No Entregados:** Parte del control en los sistemas implica gestionar eficientemente las devoluciones y los envíos que, por alguna razón, no pudieron ser entregados. Esto requiere un sistema robusto que pueda reprogramar entregas, procesar devoluciones, y actualizar el inventario y los registros de clientes en consecuencia.

- **Feedback y Mejora Continua:** Finalmente, el control en los sistemas no se limita solo a la gestión operativa inmediata, sino que también incluye la recopilación y análisis de feedback tanto de los clientes como del personal de reparto. Este feedback es esencial para identificar áreas de mejora y optimizar los procesos de entrega futuros.

1.2. Uso de Equipos para la Parametrización de los Envíos

Una vez que se ha realizado un control exhaustivo en los sistemas, el siguiente paso esencial es el uso de equipos adecuados para la parametrización de los envíos. Este proceso juega un papel crucial en la gestión eficiente del flujo de productos y en el aseguramiento de la calidad del servicio de entrega.

- **Equipos de Escaneo y Lectura de Códigos de Barras:** Estos dispositivos son fundamentales para la parametrización rápida y precisa de los envíos. Permiten escanear códigos de barras o códigos QR en los paquetes, lo cual facilita la identificación de los productos, el registro de su estado y el seguimiento de su ubicación en tiempo real. La utilización de estos equipos reduce significativamente el margen de error en el registro de datos y agiliza el proceso de clasificación y seguimiento de los envíos.

- **Sistemas de Gestión de Almacén (WMS):** Los sistemas de gestión de almacén son esenciales para la parametrización eficiente de los envíos, especialmente en entornos de gran volumen. Estos sistemas permiten la organización detallada del inventario, la planificación de rutas de entrega, y la asignación de recursos para el manejo de los productos. La integración de estos sistemas con equipos de escaneo mejora la precisión en la gestión de inventarios y facilita la preparación y despacho de los pedidos.

- **Herramientas de Parametrización de Envíos:** El uso de herramientas específicas para la parametrización de los envíos, como software de planificación de rutas y aplicaciones móviles para los repartidores, es otro componente clave. Estas herramientas permiten determinar las rutas más eficientes, prever posibles complicaciones en las entregas y ajustar los planes de entrega en tiempo real según las necesidades.

- **Dispositivos de Comunicación:** Los dispositivos de comunicación, como radios y smartphones, son esenciales para mantener una comunicación constante y efectiva entre el personal de reparto y la base de operaciones.

Estos dispositivos permiten informar rápidamente cualquier cambio o problema en la entrega, así como recibir instrucciones actualizadas o alertas sobre situaciones imprevistas.

1.3. Registro de Resultados

El registro de resultados es un aspecto vital en la gestión posterior al reparto, cerrando el ciclo del proceso de entrega y asegurando que toda la información relevante esté documentada y accesible para análisis y referencia futura.

- **Documentación de Entregas Completadas:** El primer paso en el registro de resultados es documentar detalladamente todas las entregas completadas. Esto incluye la hora y fecha de entrega, la identidad del receptor (si aplica), y cualquier observación relevante sobre la entrega. Esta información es crucial para validar el cumplimiento de los servicios y como prueba en caso de disputas o consultas de los clientes.

- **Registro de Incidencias y Anomalías:** No menos importante es el registro de cualquier incidencia o anomalía que haya ocurrido durante el proceso de entrega. Esto puede incluir retrasos, daños en los productos, entregas fallidas o cualquier otro evento fuera de lo común. Estos registros son esenciales para identificar áreas de mejora en los procesos de entrega y para tomar medidas correctivas en el futuro.

- **Análisis de Datos y Reportes:** Con los datos recopilados, se procede a un análisis detallado para generar informes. Estos reportes pueden abarcar desde estadísticas de rendimiento hasta análisis de problemas recurrentes. El objetivo es obtener una visión clara de la eficiencia del proceso de entrega, identificar tendencias y áreas de mejora, y tomar decisiones basadas en datos para optimizar las operaciones futuras.

- **Integración con Sistemas de Gestión de Calidad:** El registro de resultados debe estar integrado con los sistemas de gestión de calidad de la empresa. Esto permite una revisión continua de los procesos y ayuda a mantener o mejorar los estándares de calidad de servicio. La retroalimentación obtenida a través de estos registros es una herramienta invaluable para el mejoramiento continuo.

- **Comunicación con los Clientes:** Por último, una parte esencial del registro de resultados es la comunicación efectiva con los clientes. Ellos deben ser informados de manera oportuna sobre el estado de sus envíos, especialmente en casos de incidencias. Esto no solo ayuda a mantener una buena relación con los clientes, sino que también aumenta la transparencia y confianza en los servicios ofrecidos.

2. Registro de las entregas/recogidas

2.1. Procedimientos de Documentación

Los procedimientos de documentación son un pilar fundamental en el proceso de registro de entregas y recogidas. Estos procedimientos garantizan la precisión, la transparencia y la eficiencia en todo el proceso logístico. A continuación, se detallan los aspectos clave de estos procedimientos:

- **Mantenimiento de Registros Precisos:** La exactitud en los registros es crítica. Cada entrega o recogida debe documentarse con detalles como la fecha y hora, la identidad del receptor o remitente, y el estado del producto en el momento de la entrega o recogida. Esta documentación minuciosa es esencial para mantener un historial claro y confiable de cada transacción.
- **Utilización de Sistemas Digitales:** La adopción de sistemas digitales para la captura y almacenamiento de datos es una práctica estándar en la industria logística moderna. Estos sistemas permiten un registro más rápido y menos propenso a errores que los métodos tradicionales basados en papel. La digitalización de la documentación facilita la búsqueda y el análisis de datos, y mejora la eficiencia en la gestión de la información.
- **Integración con Códigos de Barras y RFID:** La integración de tecnologías como códigos de barras y RFID (Identificación por Radiofrecuencia) optimiza el proceso de documentación. Al escanear estos códigos, se captura automáticamente la información del producto, lo cual reduce el tiempo de procesamiento y minimiza los errores humanos.
- **Firmas Electrónicas y Confirmaciones de Recepción:** Las firmas electrónicas y las confirmaciones de recepción son esenciales para validar la entrega o recogida de productos. Estas herramientas no solo

proporcionan una prueba legal de la transacción, sino que también ofrecen una verificación instantánea del cumplimiento del servicio.

- **Auditorías y Controles de Calidad:** Las auditorías periódicas y los controles de calidad de los registros son importantes para asegurar la precisión y la integridad de la documentación. Estas revisiones ayudan a identificar y corregir errores, así como a mejorar los procedimientos existentes.
- **Cumplimiento de Normativas y Privacidad:** Finalmente, es vital asegurar que todos los procedimientos de documentación cumplan con las normativas vigentes, especialmente en lo que respecta a la protección de datos y la privacidad. Esto incluye la gestión segura de información sensible del cliente y el cumplimiento de las leyes de protección de datos.

2.2. Manejo de Devoluciones

El manejo eficiente de las devoluciones es un aspecto crucial en la logística y la satisfacción del cliente. Un sistema bien estructurado para gestionar devoluciones no solo mejora la experiencia del cliente, sino que también optimiza los recursos y minimiza las pérdidas. A continuación, se detallan los procedimientos y prácticas recomendadas en el manejo de devoluciones:

- **Política de Devoluciones Clara y Comunicada:** Es fundamental tener una política de devoluciones bien definida y fácilmente accesible para los clientes. Esta política debe detallar los términos y condiciones de las devoluciones, incluyendo plazos, condiciones de los productos aceptados para devolución, y el proceso a seguir por el cliente.
- **Sistema de Registro de Devoluciones:** Al recibir un producto devuelto, es imprescindible registrar esta acción en el sistema. Esto incluye la fecha de recepción de la devolución, el estado del producto, y la razón de la devolución. Esta información es crucial para el seguimiento interno y para identificar posibles áreas de mejora en los productos o en el proceso de entrega.
- **Inspección y Clasificación de Productos Devueltos:** Cada producto devuelto debe ser inspeccionado cuidadosamente para determinar su condición. Basándose en esta evaluación, los productos se clasifican, ya sea para ser reintegrados al inventario, reparados, reacondicionados,

donados, o descartados, según corresponda.

- **Procesamiento de Reembolsos o Créditos:** Una vez que la devolución ha sido validada y procesada, es importante proceder con la emisión de reembolsos o créditos al cliente de manera oportuna. La eficiencia en este proceso es clave para mantener la confianza y la satisfacción del cliente.

- **Análisis de Tendencias en Devoluciones:** Es esencial analizar las devoluciones para identificar tendencias o patrones. Esto puede revelar problemas en ciertos productos, deficiencias en el proceso de empaquetado o entrega, o expectativas no satisfechas de los clientes. Este análisis ayuda a tomar medidas correctivas y preventivas.

- **Comunicación Efectiva con el Cliente:** Mantener una comunicación clara y constante con el cliente durante el proceso de devolución es crucial. Informar al cliente sobre el estado de su devolución y el proceso de reembolso ayuda a mantener una relación positiva y demuestra un alto nivel de servicio al cliente.

- **Capacitación del Personal:** El personal encargado de manejar las devoluciones debe estar adecuadamente capacitado no solo en los aspectos técnicos y operativos del proceso, sino también en habilidades de servicio al cliente. Esto asegura que las devoluciones se manejen de manera profesional y empática.

- **Integración con el Inventario y la Logística:** Las devoluciones deben integrarse de manera efectiva con los sistemas de gestión de inventario y logística. Esto asegura que los productos devueltos sean gestionados de manera eficiente y que la información relevante se refleje en tiempo real en el sistema de inventario.

2.3. Gestión de Envíos Pendientes y Rehusados

La gestión eficaz de envíos pendientes y rehusados es un componente esencial para mantener la eficiencia y confiabilidad del servicio de entrega. Este proceso requiere un enfoque meticuloso y proactivo para manejar las situaciones en las que los envíos no se completan según lo previsto.

A continuación, se detallan los pasos y consideraciones clave en esta gestión:

- **Identificación y Seguimiento de Envíos Pendientes:** Los envíos pendientes son aquellos que, por diversas razones, no se han entregado en el primer intento. Es crucial identificar rápidamente estos casos y hacer un seguimiento exhaustivo. Esto incluye revisar la razón por la que el envío quedó pendiente, como podría ser la ausencia del destinatario o problemas de dirección. El sistema de gestión debe actualizar estos casos y programar automáticamente un segundo intento de entrega o una solución alternativa.
- **Comunicación con el Cliente:** En casos de envíos pendientes, es importante comunicarse con el cliente lo antes posible para informarle sobre la situación y coordinar un nuevo intento de entrega. Esta comunicación debe ser clara y ofrecer opciones para reprogramar la entrega, incluyendo la posibilidad de cambiar la dirección de entrega si es necesario.
- **Manejo de Envíos Rehusados:** Los envíos rehusados son aquellos que el destinatario rechaza al momento de la entrega. En estos casos, es importante documentar la razón del rechazo y procesar el retorno del envío al remitente o al almacén correspondiente. La razón del rechazo debe ser analizada para identificar posibles problemas o áreas de mejora en el producto o en el proceso de entrega.
- **Actualización de Registros e Informes:** Toda la información relacionada con envíos pendientes y rehusados debe ser meticulosamente registrada en el sistema. Esto incluye datos sobre el motivo del estado pendiente o del rechazo, las acciones tomadas, y la comunicación con el cliente. Estos registros son vitales para el análisis de datos y la generación de informes que ayudarán a mejorar las estrategias de entrega y satisfacción del cliente.
- **Reprogramación Efectiva y Gestión de Inventarios:** Una vez que se ha identificado un envío pendiente o rehusado, es crucial gestionar su reprogramación de manera eficiente. Esto puede implicar ajustar las rutas de entrega y asegurar que el inventario y los recursos estén disponibles para cumplir con el nuevo plan de entrega.
- **Formación y Protocolos para el Personal de Entrega:** El personal de entrega debe estar bien capacitado en los protocolos para manejar envíos pendientes y rehusados. Esto incluye saber cómo comunicarse

efectivamente con los clientes en situaciones difíciles y cómo actualizar la información en los sistemas de manera precisa.

- **Análisis y Mejora Continua:** Finalmente, es esencial realizar un análisis continuo de los casos de envíos pendientes y rehusados para identificar patrones o problemas recurrentes. Este análisis puede revelar áreas de mejora en el proceso de entrega, en la comunicación con los clientes, o en la calidad del producto.

2.4. Casos Especiales y Excepciones

- En el ámbito de la logística y distribución, siempre surgen situaciones que se desvían de las normas y procedimientos estándar. Estos casos especiales y excepciones requieren un manejo cuidadoso y adaptado para garantizar que el servicio permanezca eficiente y que las necesidades de los clientes se aborden de manera efectiva. A continuación, se detallan las estrategias y consideraciones para manejar estas situaciones:

- **Identificación y Clasificación de Casos Especiales:** Es fundamental identificar rápidamente las situaciones que caen fuera de los procedimientos normales. Estos pueden incluir entregas a ubicaciones remotas o inusuales, pedidos con requisitos de manipulación específicos (como artículos extremadamente frágiles o de gran valor), o pedidos con peticiones especiales de los clientes. Cada caso debe clasificarse adecuadamente para determinar el mejor curso de acción.

- **Desarrollo de Protocolos Flexibles:** Para manejar estas excepciones, es necesario tener protocolos flexibles que puedan adaptarse a diversas situaciones. Esto podría implicar la adaptación de rutas de entrega, el uso de métodos de embalaje especiales, o la asignación de personal o recursos específicos para manejar el caso.

- **Comunicación y Coordinación con el Cliente:** La comunicación con los clientes es clave en el manejo de casos especiales. Es importante mantener a los clientes informados sobre el estado de su pedido y cualquier acción o ajuste que se requiera. En algunos casos, puede ser necesario trabajar directamente con el cliente para encontrar la mejor solución a su solicitud o problema.

- **Capacitación del Personal en Manejo de Excepciones:** El personal debe estar capacitado no solo en los procedimientos estándar, sino también en cómo manejar excepciones. Esto incluye formación en la toma de decisiones, resolución de problemas, y habilidades de comunicación para asegurarse de que puedan responder de manera efectiva a situaciones imprevistas o complejas.

- **Documentación y Seguimiento de Casos Especiales:** Todos los casos especiales deben documentarse detalladamente, incluyendo la naturaleza del caso, las acciones tomadas, y los resultados. Esto es crucial para el análisis posterior, el aprendizaje organizacional y la mejora continua de los procesos.

- **Revisión y Mejora Continua:** Los casos especiales proporcionan oportunidades importantes para aprender y mejorar los procesos existentes. La revisión regular de cómo se han manejado estas situaciones puede revelar áreas de mejora en los protocolos estándar o en la capacitación del personal.

- **Cumplimiento Normativo y Consideraciones Legales:** En ciertos casos especiales, pueden surgir consideraciones legales o de cumplimiento normativo, especialmente en el envío de mercancías peligrosas o restringidas. Es fundamental que se sigan las leyes y regulaciones pertinentes para evitar complicaciones legales.

3. Tratamiento según la naturaleza del producto. Productos Perecederos: Refrigeración y Congelación

El manejo adecuado de productos perecederos, que requieren condiciones específicas de refrigeración o congelación, es fundamental para garantizar su calidad y seguridad hasta que llegan al consumidor final. Este proceso es especialmente crítico después del reparto, donde se deben seguir prácticas estrictas para mantener la integridad del producto.

- **Control en los Sistemas para Monitoreo de Temperatura:** Una vez que los productos perecederos son entregados, es vital continuar monitoreando su temperatura. Los sistemas de control deben estar equipados con sensores y dispositivos que registren de manera continua las condiciones de temperatura, asegurando que se mantienen dentro de los rangos seguros. Esta información debe ser fácilmente accesible y registrada en el sistema para futuras auditorías y controles de calidad.

- **Uso de Equipos Especializados:** Después del reparto, los productos deben ser almacenados en equipos especializados que aseguren su conservación adecuada. Esto incluye refrigeradores y congeladores comerciales diseñados para mantener temperaturas constantes y adecuadas. Además, es crucial que estos equipos sean regularmente inspeccionados y mantenidos para asegurar su funcionamiento óptimo.

- **Parametrización y Seguimiento de Envíos:** La parametrización de los envíos es crucial para garantizar que los productos perecederos se manejen correctamente a lo largo de toda la cadena de suministro. Esto implica el uso de sistemas de seguimiento que registren no solo la ubicación del envío, sino también las condiciones ambientales a las que ha estado expuesto. Esto ayuda a identificar rápidamente si un producto ha estado fuera de las condiciones de temperatura recomendadas y tomar medidas correctivas.

- **Registro de Resultados y Auditorías de Calidad:** Se deben llevar registros detallados de las condiciones de almacenamiento y transporte de los productos perecederos. Esto incluye datos de temperatura, tiempos de almacenamiento, y cualquier incidente que pueda afectar la calidad del producto. Estos registros son esenciales para auditorías internas y externas, y como evidencia en caso de que surjan problemas de calidad o seguridad alimentaria.

- **Capacitación del Personal:** Es fundamental que todo el personal involucrado en la manipulación de productos perecederos esté adecuadamente capacitado. Deben conocer las prácticas correctas de almacenamiento, los rangos de temperatura seguros para diferentes productos, y cómo actuar en caso de fallos en el equipo o desviaciones en los protocolos.

4. Manejo Específico por Tipo de Producto. Alimentos

La gestión de alimentos perecederos después del reparto es un aspecto crítico en la cadena de suministro de alimentos, ya que su calidad y seguridad pueden verse rápidamente comprometidas sin el manejo adecuado. Aquí se detallan las prácticas y consideraciones específicas para el tratamiento de alimentos tras su entrega:

- **Mantenimiento de la Cadena de Frío:** La cadena de frío no debe interrumpirse en ningún momento después de la entrega. Esto significa que los alimentos deben ser trasladados rápidamente a refrigeradores o congeladores adecuados. Los sistemas de control deben ser capaces de monitorear y registrar las temperaturas en tiempo real para asegurar que se mantengan dentro de los rangos seguros.
- **Control Riguroso en los Sistemas:** Los sistemas de gestión deben registrar meticulosamente cada etapa del proceso de almacenamiento de los alimentos. Esto incluye la hora y la fecha de la recepción, las condiciones de almacenamiento, y cualquier desviación de las prácticas recomendadas. Estos registros son esenciales para el rastreo de los alimentos y para responder eficazmente en caso de problemas de calidad o seguridad alimentaria.
- **Uso de Equipos de Parametrización Adecuados:** Los equipos de parametrización para los alimentos deben incluir tecnologías de seguimiento avanzadas que permitan monitorear no solo la ubicación de los alimentos sino también las condiciones ambientales durante el transporte y almacenamiento. Los dispositivos como termógrafos y registradores de datos son fundamentales para este fin.
- **Inspecciones y Controles de Calidad al Recibo:** Al recibir alimentos, se deben realizar inspecciones visuales y controles de calidad para verificar su estado. Cualquier signo de deterioro, daño en el empaque o temperatura inadecuada debe ser registrado y tratado de acuerdo con los protocolos establecidos.
- **Capacitación Continua del Personal:** Es crucial que el personal

involucrado en la manipulación de alimentos esté bien capacitado en las prácticas de seguridad alimentaria. Deben conocer los estándares de higiene, las técnicas de manipulación adecuadas, y los procedimientos para manejar productos potencialmente contaminados o deteriorados.

- **Gestión de Devoluciones y Productos No Conformes:** En caso de que los alimentos entregados no cumplan con los estándares de calidad o seguridad, deben existir procedimientos claros para su devolución o disposición segura. Esto incluye el aislamiento de los productos afectados y su retirada rápida del inventario para evitar la contaminación cruzada.

- **Registro de Resultados y Análisis de Datos:** La documentación precisa y el análisis de datos son esenciales para identificar patrones o problemas recurrentes en el manejo de alimentos. Esto puede ayudar a mejorar las prácticas de almacenamiento y entrega y a prevenir futuros incidentes de calidad o seguridad.

5. MEDICAMENTOS

- El manejo de medicamentos después del reparto es crítico, dado que muchos de ellos requieren condiciones específicas de almacenamiento para mantener su efectividad y seguridad. La gestión adecuada de medicamentos perecederos implica una serie de pasos y precauciones específicas:

- **Control Riguroso de la Temperatura:** Muchos medicamentos deben almacenarse a temperaturas precisas para preservar su integridad. Es esencial contar con sistemas de refrigeración y congelación que mantengan estas temperaturas de manera constante. Los sistemas de control deben monitorear continuamente estas condiciones y alertar en caso de cualquier desviación.

- **Uso de Equipos de Monitoreo Avanzados:** Los equipos de monitoreo deben ser capaces de registrar y alertar sobre cualquier cambio en las condiciones ambientales que puedan afectar los medicamentos. Esto incluye termómetros y higrómetros precisos, así como sistemas conectados que permitan la supervisión remota de las condiciones de almacenamiento.

- **Protocolos de Seguridad y Manejo:** El personal encargado de manipular medicamentos debe seguir protocolos estrictos de seguridad y manejo. Esto incluye procedimientos para la recepción, almacenamiento y manipulación de medicamentos, asegurando que se minimice el riesgo de contaminación, daño o deterioro.
- **Registro y Rastreo de Lotes:** Es fundamental llevar un registro detallado de los lotes de medicamentos, incluyendo información sobre fechas de vencimiento, números de lote y condiciones de almacenamiento. Esto es crucial no solo para la gestión del inventario, sino también para facilitar el rastreo en caso de que se identifiquen problemas con un lote específico.
- **Gestión de Devoluciones y Disposición Segura:** En caso de que los medicamentos se devuelvan o identifiquen como no conformes, deben existir procedimientos claros para su manejo. Esto puede incluir la devolución al proveedor, la disposición segura o la destrucción, dependiendo de las regulaciones y normativas vigentes.
- **Capacitación Especializada del Personal:** Dada la naturaleza sensible de los medicamentos, el personal involucrado en su manejo debe recibir capacitación especializada. Esta capacitación debe abarcar no solo las técnicas de almacenamiento y manipulación, sino también los procedimientos para actuar en caso de emergencias o desviaciones de los protocolos estándar.
- **Cumplimiento de Normativas y Leyes:** El manejo de medicamentos está sujeto a una serie de normativas y leyes estrictas. Es imprescindible asegurar que todos los procedimientos de almacenamiento y manejo cumplan con estas regulaciones para garantizar la seguridad del paciente y evitar sanciones legales.

6. Productos de Limpieza

La gestión de productos de limpieza después del reparto, aunque a menudo no requieren condiciones tan estrictas como los alimentos o medicamentos, aún necesita atención cuidadosa, especialmente cuando involucran sustancias químicas potencialmente peligrosas o volátiles. Aquí se detallan las prácticas clave para el manejo adecuado de estos productos:

- **Almacenamiento Seguro y Adecuado:** Los productos de limpieza deben almacenarse en un ambiente seguro y adecuado para prevenir accidentes o deterioro. Esto incluye la separación de productos incompatibles para evitar reacciones químicas peligrosas y el almacenamiento en un lugar seco y con ventilación adecuada para prevenir la acumulación de vapores nocivos.

- **Control de Temperatura y Condiciones Ambientales:** Aunque muchos productos de limpieza no requieren refrigeración, es esencial monitorear y controlar la temperatura y otras condiciones ambientales. Algunos productos pueden ser sensibles al calor extremo o al frío, lo que podría afectar su eficacia o seguridad.

- **Uso de Sistemas de Gestión para el Inventario:** Los sistemas de gestión de inventario deben utilizarse para rastrear la cantidad, ubicación y fechas de vencimiento de los productos de limpieza. Esto es crucial para garantizar que los productos se utilicen dentro de su vida útil y para facilitar la rotación de stock.

- **Manejo de Materiales Peligrosos:** Si los productos de limpieza contienen materiales peligrosos, se deben seguir protocolos estrictos para su manejo. Esto incluye el uso de equipos de protección personal (EPP) al manipular estos productos y el entrenamiento del personal en los procedimientos de seguridad y emergencia.

- **Etiquetado y Documentación:** Todos los productos de limpieza deben estar claramente etiquetados con información sobre sus ingredientes, instrucciones de uso y advertencias de peligro. Además, se deben mantener registros detallados de los datos de seguridad y las hojas de datos de seguridad de materiales (MSDS) para cada producto.

- **Gestión de Derrames y Fugas:** Deben existir procedimientos para gestionar derrames o fugas de productos de limpieza de manera rápida y segura. Esto incluye tener materiales de contención y limpieza adecuados a mano y entrenar al personal en cómo responder a tales incidentes.

- **Capacitación y Concienciación del Personal:** El personal debe estar capacitado no solo en el almacenamiento y manejo adecuados de los productos de limpieza, sino también en la comprensión de los riesgos asociados con estos productos. La capacitación regular es esencial para mantener un entorno de trabajo seguro.

7. Productos No Perecederos o Duraderos

7.1. Textil

El tratamiento adecuado de productos textiles después del reparto es importante para mantener su calidad y apariencia. Aunque no son perecederos, los textiles requieren cuidados específicos para asegurar su longevidad y presentación. Aquí se detallan las prácticas clave para el manejo adecuado de productos textiles:

- **Almacenamiento Apropiado:** Los textiles deben almacenarse en un lugar limpio, seco y bien ventilado para prevenir la acumulación de humedad, que puede causar moho o daño en los tejidos. Es esencial evitar la exposición directa a la luz solar, que puede desvanecer los colores.
- **Control de Plagas:** Es importante asegurarse de que el área de almacenamiento esté libre de plagas, como polillas o insectos, que pueden dañar los textiles. El uso de repelentes no tóxicos o métodos naturales puede ser efectivo para prevenir daños por plagas.
- **Manejo y Plegado Cuidadoso:** Al manipular textiles, especialmente aquellos delicados o de alto valor, se deben tomar precauciones para evitar arrugas o daños. El plegado y almacenamiento adecuados son cruciales para mantener la forma y calidad del tejido.
- **Etiquetado y Organización:** Los productos textiles deben estar claramente etiquetados con información sobre el material, las instrucciones de cuidado y el tamaño. Una buena organización del inventario facilita el acceso y reduce la manipulación innecesaria de los artículos.
- **Verificación del Estado del Producto:** Al recibir textiles, se debe realizar una inspección para verificar su estado y asegurarse de que no haya defectos o daños. Cualquier problema debe ser documentado y gestionado de acuerdo con los procedimientos de la empresa.
- **Capacitación del Personal en Manejo de Textiles:** El personal involucrado en la manipulación de textiles debe estar capacitado en las mejores prácticas para su manejo, incluyendo técnicas para el plegado, almacenamiento y cuidado de diferentes tipos de tejidos.

- **Gestión de Devoluciones:** En caso de devoluciones, es importante inspeccionar los textiles devueltos para determinar su condición y decidir sobre los pasos a seguir, ya sea reintegrarlos al inventario, repararlos o procesarlos para otros fines.

7.2. Joyería

El manejo adecuado de la joyería después del reparto es esencial para mantener su calidad, brillo y valor. La joyería, a menudo compuesta de materiales preciosos y delicados, requiere un cuidado especial para evitar daños y desgaste. Aquí se describen las prácticas recomendadas para el tratamiento post-reparto de la joyería:

- **Almacenamiento Seguro y Organizado:** La joyería debe almacenarse en un lugar seguro, preferiblemente en un ambiente controlado para protegerla de la humedad y cambios extremos de temperatura. El uso de cajas de joyería forradas, divisores y soportes puede ayudar a mantener las piezas organizadas y prevenir rasguños o enredos.
- **Control de Humedad:** La humedad puede causar la oxidación y deterioro de ciertos metales y piedras preciosas. Es importante mantener un nivel de humedad adecuado, lo que puede requerir el uso de deshumidificadores o paquetes absorbentes de humedad en áreas de almacenamiento.
- **Manejo Cuidadoso:** La manipulación de la joyería debe hacerse con cuidado para evitar daños. El uso de guantes de algodón o materiales suaves al manipular las piezas puede prevenir la transferencia de aceites y suciedad de las manos, que pueden empañar los metales y piedras.
- **Limpieza y Mantenimiento:** La joyería puede requerir limpieza regular para mantener su brillo. Es importante seguir las instrucciones específicas de limpieza para cada tipo de material, ya que algunos productos de limpieza pueden ser dañinos para ciertos metales o gemas.
- **Inspección Regular:** Se debe realizar una inspección regular de las piezas de joyería para identificar cualquier daño, desgaste o necesidad de reparación. Esto es particularmente importante para artículos con engastes de piedras preciosas, para asegurar que estén seguras y no se suelten.

- **Seguridad y Protección Contra Robos:** Dado el alto valor de muchos artículos de joyería, es crucial contar con medidas de seguridad adecuadas, como cajas fuertes y sistemas de alarma, para proteger contra robos o pérdidas.
- **Documentación y Registro:** Mantener un registro detallado de la joyería, incluyendo descripciones, valores y condiciones, es importante tanto para la gestión del inventario como para propósitos de seguro.
- **Capacitación del Personal:** El personal que maneja joyería debe estar capacitado en las prácticas adecuadas de manejo, almacenamiento y seguridad. La capacitación puede incluir el conocimiento de diferentes tipos de metales y gemas, así como técnicas de limpieza y mantenimiento.

7.3. Libros

El manejo de libros después del reparto es crucial para preservar su condición y garantizar su longevidad. Los libros, sean de naturaleza educativa, literaria o de referencia, requieren un cuidado especial para mantener su integridad estructural y apariencia. A continuación, se presentan las prácticas recomendadas para el tratamiento post-reparto de libros:

- **Almacenamiento Apropiado:** Los libros deben almacenarse en un ambiente seco y fresco para prevenir daños causados por la humedad o temperaturas extremas. La exposición a la luz solar directa también debe evitarse, ya que puede provocar la decoloración de las cubiertas y el papel.
- **Organización y Colocación:** Los libros deben ser colocados verticalmente en estantes para evitar la deformación. Si algunos libros son demasiado grandes o pesados, es preferible almacenarlos horizontalmente para no dañar el lomo. Mantener un espacio adecuado entre los libros es importante para facilitar su extracción sin dañarlos.
- **Prevención de Daños por Plagas:** Es importante asegurar que el área de almacenamiento esté libre de plagas como insectos y roedores, que pueden dañar el papel y las cubiertas. El uso de repelentes no dañinos para libros puede ser útil en este sentido.
- **Limpieza y Mantenimiento:** Los libros deben mantenerse libres de polvo, que puede acumularse y dañar las cubiertas y las páginas. Una

limpieza regular con un paño suave o un cepillo para libros puede ayudar a mantenerlos en buenas condiciones.

- **Manejo Cuidadoso:** Al manipular libros, especialmente aquellos antiguos o delicados, se debe tener cuidado de no forzar los lomos o las páginas. El uso de marcadores adecuados que no dañen el papel, como tiras de papel o marcadores específicos para libros, es recomendable.
- **Control de Humedad:** El control de la humedad es vital para prevenir el moho y la deformación del papel. En áreas con alta humedad, puede ser necesario utilizar deshumidificadores para mantener un ambiente adecuado para el almacenamiento de libros.
- **Documentación y Registro:** Mantener un registro detallado del inventario de libros, incluyendo su condición, edición y cualquier característica especial, es importante para la gestión de la colección y para propósitos de valoración o seguro.
- **Capacitación del Personal:** El personal encargado de manipular libros debe estar capacitado en las mejores prácticas para su manejo y almacenamiento. Esto es especialmente importante en bibliotecas o tiendas de libros donde la manipulación frecuente es común.

7.4. Muebles

El manejo adecuado de los muebles después del reparto es esencial para mantener su calidad y asegurar su longevidad. Los muebles pueden variar desde piezas delicadas y ornamentales hasta artículos más funcionales y robustos, cada uno requiriendo un cuidado específico. Aquí se presentan las prácticas clave para el tratamiento post-reparto de muebles:

- **Almacenamiento Adecuado:** Los muebles deben ser almacenados en un entorno seco para prevenir la deformación y el deterioro del material. Es importante evitar la exposición directa a la luz solar y a la humedad excesiva, que pueden dañar los acabados y materiales.
- **Protección Durante el Almacenamiento:** Para prevenir rasguños y otros daños, es recomendable cubrir los muebles con mantas o fundas protectoras, especialmente si se van a almacenar por períodos prolongados.

- **Manejo Cuidadoso:** El traslado y la manipulación de muebles deben realizarse con cuidado para evitar daños. Es importante levantar y mover los muebles correctamente, evitando arrastrarlos, para proteger tanto los muebles como el suelo.
- **Verificación del Estado al Recibo:** Al recibir muebles, se debe realizar una inspección para comprobar si hay daños o defectos. Cualquier problema detectado debe ser documentado y reportado de acuerdo con los procedimientos de la empresa.
- **Mantenimiento y Limpieza:** La limpieza regular y el mantenimiento son importantes para preservar la apariencia y la funcionalidad de los muebles. Esto incluye el polvo regular, la limpieza de manchas y la aplicación de tratamientos específicos para diferentes materiales.
- **Capacitación del Personal:** El personal que maneja muebles debe estar capacitado en las técnicas adecuadas de manejo y almacenamiento, así como en el cuidado y mantenimiento de diversos tipos de materiales de muebles.

8. Productos Frágiles

El manejo de productos frágiles después del reparto requiere especial atención debido a su susceptibilidad a daños. Estos pueden incluir artículos de cerámica, vidrio, electrónica delicada, entre otros. A continuación, se presentan prácticas esenciales para el tratamiento adecuado de productos frágiles:

- **Almacenamiento Cuidadoso:** Los productos frágiles deben almacenarse en áreas seguras donde el riesgo de golpes o caídas sea mínimo. Es importante utilizar estanterías estables y evitar apilar objetos pesados sobre productos frágiles.
- **Uso de Materiales de Protección:** Durante el almacenamiento y la manipulación, es crucial utilizar materiales de protección adecuados, como burbujas de aire, espuma, o rellenos amortiguadores, para proteger los productos frágiles de impactos o vibraciones.
- **Ambiente Controlado:** Algunos productos frágiles pueden ser sensibles

a la temperatura o la humedad. En estos casos, es importante mantener un ambiente controlado para preservar su integridad.

- **Señalización Clara:** Es esencial marcar claramente las áreas de almacenamiento de productos frágiles y los propios productos, para que el personal sea consciente de la necesidad de un manejo cuidadoso.
- **Inspección al Recibo:** Todos los productos frágiles deben ser inspeccionados cuidadosamente al momento de su recepción para verificar si hay daños. Cualquier anomalía debe ser documentada y reportada de acuerdo con los procedimientos de la empresa.
- **Capacitación del Personal:** El personal que maneja productos frágiles debe estar adecuadamente capacitado en las técnicas correctas de manipulación, para minimizar el riesgo de daños.
- **Gestión de Devoluciones:** En caso de daños o defectos, se deben seguir procedimientos claros y eficientes para la gestión de devoluciones, asegurando que los productos dañados sean manejados de manera segura y eficiente.

9. Mercancías Peligrosas

El manejo de mercancías peligrosas después del reparto debe realizarse con extremo cuidado y siguiendo regulaciones estrictas, dado que estos artículos pueden incluir materiales inflamables, tóxicos, corrosivos, radiactivos, o explosivos. A continuación, se detallan prácticas clave para el tratamiento adecuado de estas mercancías:

- **Almacenamiento Conforme a Normativas:** Las mercancías peligrosas deben almacenarse en áreas designadas que cumplan con las normativas de seguridad específicas. Esto incluye contenedores y áreas de almacenamiento especializadas que prevengan fugas, incendios y exposición a sustancias peligrosas.
- **Señalización y Etiquetado Adecuados:** Es crucial que todas las mercancías peligrosas estén claramente etiquetadas y señalizadas, indicando la naturaleza del peligro y las precauciones de manejo necesarias.

- **Equipos de Protección Personal (EPP):** El personal que maneja este tipo de mercancías debe estar equipado con el EPP apropiado, que puede incluir guantes, gafas de seguridad, mascarillas, o trajes protectores, dependiendo del tipo de material peligroso.
- **Capacitación Especializada:** El personal debe recibir capacitación especializada en el manejo de mercancías peligrosas, incluyendo conocimientos sobre las propiedades de los materiales, procedimientos de emergencia y primeros auxilios.
- **Medidas de Seguridad y Planes de Emergencia:** Deben implementarse medidas de seguridad rigurosas, incluyendo sistemas de ventilación adecuados, extintores de incendios y planes de respuesta a emergencias en caso de derrames, fugas o incendios.
- **Documentación y Cumplimiento de Regulaciones:** Es esencial mantener una documentación precisa de todas las mercancías peligrosas, así como asegurar el cumplimiento de todas las regulaciones locales, nacionales e internacionales pertinentes.
- **Inspecciones Regulares y Mantenimiento:** Las áreas de almacenamiento y los contenedores deben ser inspeccionados regularmente para asegurar que se mantengan en condiciones seguras y que no haya signos de deterioro o daño.

10. Productos Dimensionales

El manejo de productos dimensionales o de gran tamaño después del reparto presenta desafíos únicos debido a su tamaño y peso. Estos pueden incluir muebles de grandes dimensiones, equipos industriales, o artefactos voluminosos. A continuación, se detallan las prácticas clave para el tratamiento adecuado de estos productos:

- **Almacenamiento Adecuado:** Es fundamental disponer de suficiente espacio para almacenar estos productos de manera segura. El área de almacenamiento debe ser lo suficientemente amplia para evitar daños durante el almacenamiento y la manipulación.
- **Equipos de Manejo Adecuados:** Para la manipulación de productos de

gran tamaño, se deben utilizar equipos adecuados como montacargas, carretillas elevadoras o grúas, lo que facilita su movimiento y reduce el riesgo de daños o lesiones.

- **Anclaje y Estabilización:** Los productos grandes deben ser anclados o estabilizados adecuadamente para prevenir su desplazamiento o caída, especialmente en áreas donde puedan ser susceptibles a movimientos o vibraciones.
- **Señalización de Áreas de Almacenamiento:** Las áreas donde se almacenan productos grandes deben estar claramente señalizadas para alertar al personal sobre la necesidad de precaución alrededor de estos artículos.
- **Inspección y Mantenimiento:** Los productos de gran tamaño deben ser inspeccionados regularmente para identificar cualquier signo de daño o desgaste, y mantenerlos en condiciones óptimas.
- **Capacitación del Personal:** El personal que trabaja con productos dimensionales debe estar capacitado en técnicas seguras de manejo, uso correcto de equipos de elevación y procedimientos de almacenamiento adecuados para este tipo de productos.

11. Otros Productos

El manejo de "otros productos" abarca una amplia gama de artículos que no se ajustan necesariamente a las categorías anteriores. Estos pueden incluir una variedad de productos con requisitos de manejo únicos, desde artículos de arte y decoración hasta equipos electrónicos y otros bienes especializados. Aquí se presentan algunas prácticas generales para el tratamiento adecuado de esta categoría diversa:

- **Evaluación Individualizada:** Dado que "otros productos" pueden abarcar una amplia gama de artículos, cada uno debe ser evaluado individualmente para determinar sus necesidades específicas de almacenamiento y manejo. Esto implica considerar factores como sensibilidad a la temperatura, fragilidad, valor y dimensiones.
- **Almacenamiento Personalizado:** Dependiendo de la naturaleza del

producto, puede ser necesario implementar soluciones de almacenamiento personalizadas. Esto puede incluir control de temperatura y humedad, estanterías especializadas, o contenedores de protección.

- **Manejo Cuidadoso:** Independientemente del tipo de producto, el manejo cuidadoso es siempre crucial. Esto puede implicar el uso de guantes para evitar huellas dactilares, herramientas especializadas para manipular artículos delicados o pesados, y procedimientos para evitar daños durante el transporte y almacenamiento.
- **Protección y Seguridad:** Algunos productos pueden requerir medidas adicionales de seguridad, como cajas fuertes para artículos valiosos o sistemas de alarma para proteger contra robos.
- **Documentación y Registro:** La documentación detallada y el registro son importantes para mantener un control preciso del inventario y para el seguimiento de la condición y ubicación de estos productos variados.

12. Protocolos y Procedimientos Específicos

12.1. Clasificación y Encaminamiento de Productos Devueltos

La clasificación y el encaminamiento adecuados de los productos devueltos son fundamentales para mantener la eficiencia operativa y la satisfacción del cliente. Estos procesos requieren una gestión cuidadosa para asegurar que los productos devueltos sean manejados de manera efectiva.

- **Clasificación Basada en Razones de Devolución:** Los productos devueltos deben clasificarse según las razones de su devolución, como daños, defectos, o entrega incorrecta. Esta clasificación ayuda a determinar el curso de acción adecuado para cada producto.
- **Inspección de Productos Devueltos:** Cada producto devuelto debe ser inspeccionado para evaluar su condición. Esto es crucial para decidir si el producto puede ser reacondicionado, reparado, reciclado o necesita ser desechado.
- **Sistema de Registro de Devoluciones:** Implementar un sistema de registro de devoluciones eficiente que documente detalles como la

condición del producto, la razón de la devolución y los pasos subsiguientes. Esto es esencial para el seguimiento y análisis de datos.

- **Reacondicionamiento y Reparación:** Si los productos devueltos son aptos para el reacondicionamiento o la reparación, deben ser enviados a las áreas o departamentos correspondientes.

- **Encaminamiento y Reintegración al Inventario:** Los productos que están en condiciones de ser revendidos deben ser reintegrados al inventario. Es importante asegurarse de que estos productos cumplan con los estándares de calidad antes de su reincorporación.

12.2. Generación y Gestión de Etiquetas de Devolución

La generación y gestión de etiquetas de devolución son aspectos cruciales en el proceso de manejo de devoluciones, facilitando un retorno eficiente y organizado de los productos.

- **Sistema Automatizado de Etiquetas:** Implementar un sistema automatizado para la generación de etiquetas de devolución puede agilizar el proceso, permitiendo a los clientes imprimir etiquetas fácilmente desde su hogar o un punto de servicio.

- **Instrucciones Claras de Devolución:** Las etiquetas deben incluir instrucciones claras sobre cómo y dónde devolver el producto. Esto es esencial para evitar confusiones y garantizar que el producto se envíe al lugar correcto.

- **Rastreo de Devoluciones:** Las etiquetas de devolución deben permitir el seguimiento del paquete durante el proceso de retorno. Esto ayuda tanto a los clientes como a la empresa a monitorear el progreso de la devolución.

- **Información de Retorno en la Etiqueta:** La etiqueta debe incluir información esencial como la dirección de retorno, detalles del cliente y del pedido, y un código de barras o QR para facilitar el procesamiento y la clasificación al recibir el producto.

En resumen, la clasificación y encaminamiento de productos devueltos, así como la generación y gestión de etiquetas de devolución, son procesos clave que requieren un enfoque estructurado y eficiente. Establecer procedimientos claros y utilizar tecnología adecuada son esenciales para manejar estas tareas de manera efectiva, contribuyendo a una gestión de devoluciones eficiente y a la satisfacción del cliente.

12.3. Ubicación Adecuada de Devoluciones

La correcta ubicación de los productos devueltos dentro de las instalaciones es un paso crucial para su eficiente procesamiento y gestión posterior. Aquí se describen las prácticas recomendadas:

- **Áreas Designadas para Devoluciones:** Es esencial tener áreas específicamente designadas para el almacenamiento temporal de devoluciones. Estas áreas deben estar claramente señalizadas y organizadas para facilitar la clasificación y el procesamiento posterior de los productos devueltos.
- **Organización y Segregación:** Los productos devueltos deben organizarse y segregarse según su tipo y condición. Por ejemplo, separar los artículos dañados de aquellos que están en buen estado pero que fueron devueltos por otras razones. Esto facilita el proceso de toma de decisiones sobre su futuro tratamiento.
- **Sistemas de Inventario para Devoluciones:** Implementar un sistema de inventario específico para los productos devueltos ayuda a rastrear y gestionar estos artículos de manera más eficiente. Esto incluye actualizar el estado del inventario en tiempo real para reflejar las devoluciones.
- **Acceso Fácil para Inspección y Procesamiento:** Las áreas de devolución deben ser accesibles para permitir inspecciones rápidas y eficientes, así como para facilitar el procesamiento y reacondicionamiento de los productos.

12.4. Manejo de Incidencias

El manejo eficaz de las incidencias relacionadas con las entregas y devoluciones es crucial para mantener altos estándares de servicio al cliente y operaciones eficientes.

- **Registro y Seguimiento de Incidencias:** Todas las incidencias deben ser registradas detalladamente en un sistema centralizado. Esto incluye la naturaleza de la incidencia, cómo y cuándo ocurrió, y cualquier acción tomada en respuesta.

- **Análisis y Resolución de Incidencias:** Las incidencias deben ser analizadas para determinar sus causas subyacentes. Esto puede requerir una investigación detallada y la colaboración entre diferentes departamentos. La resolución rápida y efectiva de estas incidencias es crucial para evitar la repetición y mejorar los procesos.
- **Comunicación con los Clientes:** En caso de incidencias que afecten a los clientes, es fundamental comunicarse con ellos de manera oportuna y transparente. Proporcionar actualizaciones regulares y soluciones efectivas es clave para mantener la confianza y satisfacción del cliente.
- **Revisión y Mejora de Procesos:** Regularmente se deben revisar los procesos relacionados con el manejo de incidencias para identificar oportunidades de mejora y prevenir futuros problemas.

13. Consideraciones sobre el resultado de la entrega y/o recogida atendiendo a posibles incidencias en el proceso

13.1. Evaluación de la Eficiencia en la Entrega y Recogida

Para una evaluación práctica, se pueden implementar las siguientes acciones:

- **Medición del Tiempo de Entrega:** Utilizar un sistema de seguimiento para medir el tiempo desde la salida del producto hasta su entrega. Comparar estos tiempos con los objetivos establecidos.
- **Auditorías Aleatorias:** Realizar auditorías aleatorias en entregas y recogidas para evaluar la precisión y calidad del servicio.
- **Encuestas de Satisfacción:** Enviar encuestas breves de satisfacción a los clientes tras cada entrega o recogida para obtener feedback directo.

13.2. Identificación y Registro de Incidencias

Para manejar eficazmente las incidencias:

- **Formulario de Reporte de Incidencias:** Crear un formulario estándar para que los empleados reporten incidencias, incluyendo detalles específicos del caso.
- **Aplicación Móvil para Reportes:** Implementar una aplicación móvil que permita a los conductores reportar incidencias en tiempo real.
- Análisis de Causas Comunes de Incidencias
- Acciones concretas para el análisis de incidencias:
- **Revisión Semanal de Incidencias:** Programar reuniones semanales para revisar las incidencias reportadas y discutir posibles soluciones.
- **Tablero de Control de Incidencias:** Utilizar un tablero de control para visualizar las tendencias y patrones de incidencias.

13.3. Estrategias para la Reducción de Incidencias Futuras

- **Programas de Capacitación Regular:** Organizar sesiones de capacitación mensuales para el personal sobre mejores prácticas en logística y manejo de incidencias.
- **Actualizaciones Tecnológicas:** Instalar dispositivos GPS avanzados en los vehículos para mejorar la precisión en las rutas de entrega.

Estas acciones prácticas y concretas están diseñadas para mejorar la eficiencia en la entrega y recogida, manejar eficazmente las incidencias, y desarrollar estrategias para reducir incidencias futuras, basándose en una combinación de tecnología, feedback directo y capacitación continua.

14. Gestiones relacionadas con los productos no entregados o con incidencias

14.1. Procedimientos para Manejar Productos No Entregados

1. Identificación de Productos No Entregados

   ⇨ Implementar un sistema automatizado que alerte cuando un producto no ha sido entregado según lo programado.

- ⇨ Establecer un protocolo para que los conductores informen inmediatamente sobre las no entregas.

2. Comunicación con Clientes y Re-programación de Entregas

    - ⇨ Iniciar automáticamente un proceso de notificación al cliente sobre la no entrega, ofreciendo opciones para reprogramar.
    - ⇨ Proporcionar a los clientes una plataforma en línea o una aplicación para facilitar la reprogramación.

3. Gestión de Devoluciones a Proveedores o Almacenes

    - ⇨ Crear un flujo de trabajo específico para la devolución de productos no entregados al almacén o proveedor, incluyendo la revisión del estado del producto y su reingreso al inventario.

14.2. Resolución de Incidencias Durante la Entrega

1. Protocolos de Actuación ante Incidencias

    - ⇨ Desarrollar un manual de procedimientos para manejar diferentes tipos de incidencias durante la entrega, accesible para todo el personal.

2. Capacitación del Personal en Manejo de Incidencias

    - ⇨ Realizar talleres y simulacros regulares con el personal de entrega para entrenarlos en la resolución eficiente de incidencias.

3. Comunicación Efectiva con el Cliente en Caso de Incidencias

    - ⇨ Entrenar al personal de atención al cliente en técnicas de comunicación efectiva para gestionar las expectativas de los clientes durante las incidencias.

14.3. Seguimiento Post-Incidencia

1. Medidas Correctivas y Preventivas

    - ⇨ Establecer un comité de revisión de incidencias para analizar cada caso y desarrollar medidas correctivas y preventivas.
    - ⇨ Implementar cambios en los procesos o capacitación basados en los

aprendizajes de las incidencias.

2. Análisis de Feedback de Clientes para Mejoras Continuas

   - ⇨ Utilizar encuestas de satisfacción post-incidencia para recoger feedback de los clientes.

   - ⇨ Analizar este feedback para identificar áreas de mejora en la entrega y los servicios relacionados.

Estas gestiones están diseñadas para abordar de manera práctica y eficiente los retos asociados con los productos no entregados y las incidencias durante el proceso de entrega, asegurando una respuesta rápida, la satisfacción del cliente y la mejora continua de los servicios.

RESUMEN

El tema abarca de manera detallada las prácticas y procedimientos para el manejo eficiente de productos en el contexto de la logística y entrega. Se enfoca en varios aspectos claves como:

Control Post-Entrega: Incluye la revisión y actualización de bases de datos, uso de software especializado, verificación de conformidad con procedimientos, gestión de devoluciones y envíos no entregados, y recopilación de feedback para mejora continua.

Parametrización de Envíos: Uso de equipos como escáneres de códigos de barras, sistemas de gestión de almacén (WMS), herramientas de parametrización y dispositivos de comunicación.

Registro de Resultados: Documentación de entregas completadas, registro de incidencias y anomalías, análisis de datos y reportes, integración con sistemas de gestión de calidad, y comunicación con clientes.

Tratamiento Según la Naturaleza del Producto: Manejo específico de productos perecederos (alimentos, medicamentos, productos de limpieza), no perecederos (textiles, joyería, libros, muebles), frágiles, peligrosos, de gran tamaño, entre otros.

Protocolos y Procedimientos Específicos: Incluye la clasificación y encaminamiento de productos devueltos, generación y gestión de etiquetas de devolución, ubicación adecuada de devoluciones y manejo de incidencias.

Gestión de Incidencias y Productos No Entregados: Procedimientos para manejar productos no entregados, resolución de incidencias durante la entrega, seguimiento post-incidencia, y análisis de feedback de clientes para mejoras continuas.

El documento proporciona una guía exhaustiva para el manejo post-entrega de productos, enfatizando la importancia de un control riguroso, uso de tecnología adecuada, y prácticas específicas según el tipo de producto

UNIDAD

2.2. La documentación de la entrega y/o recogida

Contenido de la Unidad

- Introducción
- Tratamiento de la Documentación del Proceso de Entrega y/o Recogida
- Cumplimentación de la Documentación Resultado de la Entrega y/o Recogida
- Protección de Datos y Registro de la Información Recogida en la Documentación
- Resumen

1. Introducción

En el complejo y dinámico mundo de la logística y la gestión de cadenas de suministro, la documentación desempeña un papel crucial, especialmente en los procesos de entrega y recogida. Este conjunto de documentos no es solo un requisito formal; es el esqueleto sobre el que se articulan las operaciones logísticas, proporcionando un marco legal, operativo y comunicativo indispensable.

La correcta gestión de estos documentos asegura la eficiencia y la legalidad de las transacciones, sirviendo como un registro fidedigno y detallado de cada operación.

Desde el punto de vista legal, la documentación es un testimonio irrefutable de la realización de los servicios y de la transferencia de responsabilidades. Operativamente, facilita la trazabilidad y la gestión eficiente de los recursos, permitiendo un seguimiento preciso de los productos desde su origen hasta su destino final.

En resumen, la documentación en los procesos de entrega y recogida es la columna vertebral que sostiene la integridad, la eficiencia y la transparencia en el mundo de la logística y el transporte.

2. Tratamiento de la Documentación del Proceso de Entrega y/o Recogida

2.1. Preparación de Documentos Necesarios

La preparación meticulosa de la documentación es un paso fundamental en el proceso de entrega y recogida, asegurando una operación sin contratiempos y conforme a las regulaciones vigentes.

2.1.1. Listado de documentos requeridos:

El conjunto de documentos necesarios varía según el tipo de mercancía, el origen y destino, y las regulaciones específicas de cada zona. Sin embargo, existe un conjunto básico que incluye:

- **Guía de Remisión o Albarán:** Este documento es esencial ya que detalla la cantidad y el tipo de productos enviados, sirviendo como prueba de la entrega.
- **Factura Comercial:** Necesaria para procesos de pago y, en casos de exportación/importación, para trámites aduaneros.
- **Póliza de Seguro:** Brinda información sobre la cobertura de los bienes transportados.
- **Documentos Aduaneros (si aplica):** Esenciales para el transporte internacional, incluyendo permisos especiales para mercancías restringidas.
- **Certificados de Conformidad:** Verifican que los productos cumplen con las normativas pertinentes.

2.1.2. Procedimientos de preparación.

El proceso de preparación de la documentación debe ser preciso y metódico. Los pasos clave incluyen:

- **Revisión de Requerimientos Específicos:** Antes de iniciar, es vital verificar los requerimientos específicos de documentación para el tipo de mercancía y ruta a seguir.
- **Compilación de Datos:** Recopilar toda la información necesaria para cada documento, incluyendo detalles del remitente, destinatario, y especificaciones de la carga.
- **Generación de Documentos:** Utilizando sistemas de gestión logística o formatos estandarizados, se generan los documentos, asegurándose de que toda la información sea precisa y esté actualizada.
- **Revisión y Aprobación:** Una revisión detallada para detectar y corregir errores. Es recomendable que una segunda persona verifique la documentación.
- **Organización y Archivo:** Los documentos deben organizarse de manera que sean de fácil acceso durante todo el proceso de entrega y recogida.

2.2. Verificación de Documentos

La verificación de la documentación es un paso crítico para asegurar la integridad y la eficacia del proceso de entrega y recogida. Este proceso no solo garantiza la exactitud de la información, sino que también ayuda a prevenir retrasos y complicaciones legales que pueden surgir a partir de errores o omisiones.

1. Pasos para verificar la exactitud y completitud de la documentación.

   ⇨ Revisión Inicial:

   - Realizar una primera revisión detallada de todos los documentos para verificar su completitud.
   - Comparar los detalles registrados en cada documento con los datos reales de la mercancía y del envío.

2. Confirmación de Datos Clave:

   ⇨ Asegurarse de que la información esencial como las direcciones de entrega y recogida, los detalles del remitente y del destinatario, y las descripciones de los productos, sean correctos y consistentes a través de todos los documentos.

3. Verificación de Conformidad con Normativas:

   ⇨ Comprobar que la documentación cumple con todas las regulaciones pertinentes, especialmente en el caso de envíos internacionales donde se requieren documentos aduaneros específicos.

4. Control de Fechas y Firmas:

   ⇨ Verificar que todos los documentos estén fechados y firmados adecuadamente, lo cual es crucial para validar la documentación.

5. Uso de Listas de Verificación:

   ⇨ Emplear listas de verificación estandarizadas para asegurarse de que ningún elemento importante haya sido pasado por alto.

2.2.1. Procedimientos de corrección de errores.

Identificación de Inconsistencias:

- ⇨ Al detectar un error, identificar inmediatamente la naturaleza y el alcance de este.

1. Notificación y Comunicación:

- ⇨ Informar a las partes relevantes (como el equipo de logística, el cliente o los proveedores) sobre el error detectado.

Corrección y Reemisión de Documentos:

- ⇨ Realizar las correcciones necesarias de manera rápida y precisa.
- ⇨ En casos de errores significativos, puede ser necesario reemitir el documento completo.

2. Verificación Post-Corrección:

- ⇨ Realizar una segunda revisión de los documentos corregidos para asegurar que ahora estén correctos y completos.

Registro de Correcciones:

- ⇨ Mantener un registro de las correcciones realizadas para futuras referencias y auditorías.

La verificación y corrección de los documentos en los procesos de entrega y recogida es una tarea que requiere atención al detalle y precisión. Un manejo adecuado en esta etapa no solo previene errores costosos y retrasos, sino que también contribuye a mantener la confianza y la satisfacción del cliente.

3. Cumplimentación de la Documentación Resultado de la Entrega y/o Recogida

3.1. Registro de Información Relevante

3.1.1. Datos clave a registrar.

Identificación de la Mercancía:

- ⇨ Descripción detallada de los productos entregados o recogidos, incluyendo cantidad, peso, y dimensiones.

Datos de Entrega o Recogida:

- ⇨ Fecha y hora exactas de la entrega o recogida.
- ⇨ Ubicación específica de la entrega o recogida.

Información del Transportista:

- ⇨ Nombre y datos de contacto del transportista o del conductor.
- ⇨ Detalles del vehículo de transporte, incluyendo el número de matrícula.

Condiciones de la Mercancía:

- ⇨ Estado de la mercancía al momento de la entrega o recogida, especialmente si se observan daños o irregularidades.

Firmas y Acuses de Recibo:

- ⇨ Firmas de las partes involucradas (remitente, destinatario, transportista) confirmando la recepción o entrega de la mercancía.

Observaciones Adicionales:

- ⇨ Cualquier detalle o circunstancia relevante observada durante la operación.

3.1.2. Métodos de registro.

- ♦ Uso de Formularios Estandarizados:
  - ⇨ Implementar formularios predefinidos que cubran todos los datos clave, asegurando consistencia y completitud en el registro.
- ♦ Digitalización de la Documentación:
  - ⇨ Emplear sistemas de gestión logística digitales para registrar y almacenar la información, facilitando el acceso y la búsqueda de datos.
- ♦ Fotografías y Escaneos:

- ⇨ Utilizar fotografías o escaneos de la mercancía y de los documentos firmados como prueba adicional del estado y la entrega/recogida de los productos.

- ♦ Verificación en Tiempo Real:
  - ⇨ Registrar los datos en el momento de la entrega o recogida para asegurar la exactitud de la información.

- ♦ Respaldo y Seguridad de los Datos:
  - ⇨ Hay que asegurar que toda la información registrada se almacene de manera segura, con respaldos adecuados para prevenir pérdidas de datos.

El registro meticuloso de la información relevante al finalizar el proceso de entrega o recogida es un componente crítico en la cadena de suministro. Proporciona una base sólida para la responsabilidad, el análisis de rendimiento y la mejora continua en las operaciones logísticas.

3.2. Confirmación y Firma de Documentos

La confirmación y firma de los documentos al finalizar el proceso de entrega y/o recogida son pasos esenciales que sellan la autenticidad y la formalización de la operación. Este acto final no solo es una formalidad, sino también una garantía legal y operativa.

3.2.1. Procesos para la confirmación y firma.

- ♦ Revisión Final de los Documentos:
  - ⇨ Antes de la firma, se debe realizar una última revisión de todos los documentos para asegurarse de que reflejan fielmente los detalles de la operación.

- ♦ Identificación de las Partes Firmantes:
  - ⇨ Confirmar la identidad de las personas que firmarán los documentos, asegurándose de que tengan la autoridad necesaria para ello.

- ♦ Procedimiento de Firma:

- ⇨ La firma debe realizarse en presencia de las partes involucradas, preferiblemente al momento de la entrega o recogida de la mercancía.
- ⇨ En el caso de firmas electrónicas, asegurarse de que el sistema utilizado cumpla con los requisitos legales y de seguridad.

- ♦ Registro de la Firma y Fecha:
  - ⇨ Asegurarse de que la firma esté acompañada de la fecha, proporcionando un registro temporal claro de la confirmación.
- ♦ Copia de los Documentos Firmados:
  - ⇨ Proporcionar a todas las partes involucradas una copia de los documentos firmados para su registro y referencia futura.

3.2.2. Importancia de la firma y confirmación en la legalidad del proceso.

- ♦ Validez Legal:
  - ⇨ La firma en los documentos es un requisito legal que proporciona una prueba irrefutable de la realización de la operación y del acuerdo entre las partes.
- ♦ Responsabilidad:
  - ⇨ Establece claramente la responsabilidad y la propiedad de la mercancía, identificando a las partes involucradas en el intercambio.
- ♦ Prevención de Disputas:
  - ⇨ Un documento firmado es un elemento clave para resolver posibles disputas o malentendidos sobre los términos de la entrega o recogida.
- ♦ Auditoría y Conformidad:
  - ⇨ Facilita las auditorías y verifica el cumplimiento de las regulaciones y políticas internas, ya que los documentos firmados son registros oficiales de la transacción.

En resumen, la confirmación y firma de los documentos son pasos críticos que no solo finalizan el proceso de entrega y/o recogida, sino que también aseguran su legalidad y eficacia. Este acto representa la culminación de un intercambio cuidadosamente documentado y gestionado, reforzando la confianza y la transparencia en las relaciones comerciales y logísticas.

4. Protección de Datos y Registro de la Información Recogida en la Documentación

4.1. Normativas de Protección de Datos

La protección de datos en el ámbito de la logística y el transporte es un aspecto crucial, tanto por motivos de privacidad como por cumplimiento legal. La gestión adecuada de la información personal y comercial es vital para preservar la confianza y la integridad en todas las operaciones.

4.1.1. Leyes y regulaciones relevantes.

- Reglamento General de Protección de Datos (RGPD) en la Unión Europea:
  - Establece directrices sobre la recopilación, almacenamiento y uso de datos personales, enfatizando el consentimiento del individuo y el derecho a la privacidad.
  - Ley Orgánica de Protección de Datos Personales y garantía de los derechos digitales (LOPDGDD). Esta ley se complementa con el Reglamento General de Protección de Datos (RGPD) de la Unión Europea y regula el tratamiento de datos personales y la protección de los derechos digitales de los ciudadanos.
- Aspectos clave de la LOPDGDD:
  - **Consentimiento del Afectado:** La ley enfatiza la necesidad del consentimiento explícito y claro del individuo para el tratamiento de sus datos personales, excepto en ciertos casos donde otros fundamentos legales permitan el tratamiento.
  - **Derechos de los Interesados:** Incluye derechos como el acceso, rectificación, supresión (derecho al olvido), oposición, limitación del tratamiento, portabilidad de los datos, y no ser objeto de decisiones individuales automatizadas.

- ⇨ **Deber de Información:** Obliga a informar a las personas de quién está recogiendo sus datos, con qué finalidad y otros aspectos relacionados con el tratamiento de sus datos personales.
- ⇨ **Medidas de Seguridad:** Exige la implementación de medidas técnicas y organizativas adecuadas para garantizar un nivel de seguridad apropiado al riesgo del tratamiento de datos.
- ⇨ **Notificación de Brechas de Seguridad:** Establece la obligación de notificar a la Agencia Española de Protección de Datos (AEPD) y, en ciertos casos, a los afectados, sobre cualquier brecha de seguridad que pueda implicar un riesgo para los derechos y libertades de las personas.
- ⇨ **Delegado de Protección de Datos:** Para ciertas entidades, la ley requiere la designación de un delegado de Protección de Datos (DPD) que supervisará el cumplimiento de la normativa de protección de datos.
- ⇨ **Transferencias Internacionales de Datos:** Regula las condiciones bajo las cuales los datos personales pueden ser transferidos fuera de la UE/EEE.
- ⇨ La LOPDGDD y el RGPD juntos forman un marco legal robusto para la protección de datos personales en España, proporcionando a los ciudadanos un alto nivel de control sobre sus datos personales y obligando a las organizaciones a mantener altos estándares de privacidad y seguridad en el tratamiento de datos.

4.1.2. Principios clave de protección de datos.

- ♦ Legalidad, Equidad y Transparencia:
  - ⇨ La recopilación y el uso de datos deben ser legales, justos y transparentes para la persona cuyos datos se están procesando.
- ♦ Limitación del Propósito:
  - ⇨ Los datos deben ser recogidos solo para propósitos claros y legales y no deben ser utilizados de manera incompatible con esos propósitos.

- Minimización de Datos:
  - Solo se deben recoger y procesar los datos que sean estrictamente necesarios para los fines para los que se han recopilado.
- Precisión:
  - Los datos deben ser exactos y, si es necesario, actualizados.
- Limitación de Almacenamiento:
  - Los datos personales deben ser retenidos solo el tiempo necesario para los fines para los que se procesan.
- Integridad y Confidencialidad:
  - Los datos deben ser procesados de manera que asegure su seguridad, incluyendo protección contra el procesamiento no autorizado o ilegal y contra la pérdida, destrucción o daño accidental.

La comprensión y aplicación de estas normativas y principios son esenciales para cualquier empresa involucrada en el proceso de entrega y recogida. No solo garantizan el cumplimiento legal y la evitación de sanciones, sino que también refuerzan la confianza de los clientes y socios comerciales en la capacidad de la empresa para manejar información sensible de manera responsable.

4.2. Implementación de Medidas de Seguridad

4.2.1. Técnicas y estrategias de seguridad para la protección de datos.

- Encriptación de Datos:
  - Utilizar tecnología de encriptación para proteger los datos durante su almacenamiento y transmisión. Esto asegura que, incluso en caso de un acceso no autorizado, la información no sea legible.
- Control de Acceso:
  - Implementar sistemas de control de acceso para restringir el acceso a los datos solo a personal autorizado. Esto incluye el uso de contraseñas, autenticación de dos factores y permisos de usuario.

- Redes Seguras:
  - Utilizar redes privadas virtuales (VPN) y conexiones seguras (como SSL/TLS) para proteger los datos en tránsito, especialmente si se transmiten a través de redes públicas o inseguras.
- Protección contra Malware:
  - Instalar y mantener actualizado software antivirus y antimalware para proteger los sistemas contra amenazas digitales.
- Copias de Seguridad y Recuperación de Datos:
  - Realizar copias de seguridad regulares de los datos y asegurar la capacidad de recuperarlos en caso de pérdida o daño.
- Auditorías de Seguridad:
  - Realizar auditorías de seguridad periódicas para identificar y corregir vulnerabilidades.

4.2.2. Procedimientos de manejo seguro de la información.

- Políticas de Seguridad de la Información:
  - Desarrollar y aplicar políticas claras para el manejo seguro de la información, incluyendo directrices para el almacenamiento, acceso, transmisión y eliminación de datos.
- Formación del Personal:
  - Capacitar a los empleados en buenas prácticas de seguridad de la información y concienciar sobre los riesgos y protocolos a seguir.
- Gestión de Incidentes:
  - Establecer procedimientos para la gestión de incidentes de seguridad, incluyendo la detección, respuesta y notificación de brechas de seguridad.

- Evaluación de Riesgos:
  - ⇨ Realizar evaluaciones de riesgo periódicas para identificar posibles amenazas a la seguridad de los datos y tomar medidas proactivas para mitigarlas.
- Actualización y Mantenimiento de Sistemas:
  - ⇨ Mantener todos los sistemas y software actualizados para proteger contra vulnerabilidades conocidas.

Implementar y mantener medidas de seguridad efectivas es esencial para proteger la información sensible en los procesos de entrega y recogida. Una gestión adecuada no solo cumple con las normativas legales, sino que también fortalece la reputación y la confianza de la empresa frente a sus clientes y socios comerciales.

4.3. Auditorías y Controles de Seguridad

Las auditorías y controles de seguridad son componentes esenciales en la gestión de la protección de datos, especialmente en procesos logísticos como la entrega y recogida. Estas prácticas aseguran el cumplimiento continuo de las políticas de seguridad y la eficacia de las medidas implementadas.

4.3.1. Procesos de auditoría.

- Planificación de la Auditoría:
  - ⇨ Establecer un cronograma regular para las auditorías, definiendo el alcance, los objetivos y los métodos a utilizar.
- Evaluación de Riesgos:
  - ⇨ Identificar áreas clave de riesgo en el manejo de datos, incluyendo posibles vulnerabilidades en los sistemas de TI y en los procesos operativos.
- Revisión de Políticas y Procedimientos:
  - ⇨ Examinar las políticas y procedimientos de seguridad de datos actuales para verificar su adecuación y cumplimiento con las normativas aplicables.

- Inspección de Controles Técnicos:
    - Evaluar la eficacia de los controles técnicos implementados, como el cifrado, el control de acceso y las medidas contra el malware.
- Entrevistas y Observación Directa:
    - Realizar entrevistas con el personal y observar las operaciones para evaluar el entendimiento y la implementación de las políticas de seguridad.
- Informe de Auditoría:
    - Elaborar un informe detallado de los hallazgos de la auditoría, incluyendo recomendaciones para mejorar la seguridad de los datos.

4.3.2. Medidas de control y seguimiento.

- Implementación de Mejoras:
    - Basándose en los resultados de la auditoría, implementar mejoras en las políticas, procedimientos y sistemas técnicos.
- Monitoreo Continuo:
    - Establecer un sistema de monitoreo continuo para detectar actividades sospechosas o no autorizadas relacionadas con los datos.
- Actualizaciones Regulares:
    - Mantener actualizadas las políticas y las medidas de seguridad para adaptarse a los cambios en la tecnología, las amenazas y las normativas.
- Formación Continua del Personal:
    - Proporcionar formación regular al personal sobre seguridad de datos y concienciación sobre nuevas amenazas y mejores prácticas.
- Indicadores de Desempeño:
    - Establecer indicadores clave de rendimiento (KPIs) para evaluar la eficacia de las medidas de seguridad y realizar ajustes según sea necesario.

Las auditorías y los controles de seguridad son procesos dinámicos que requieren atención constante y adaptación a las nuevas circunstancias. Son fundamentales para asegurar que los datos manejados en los procesos de entrega y recogida se mantengan seguros y protegidos, salvaguardando así la integridad de la empresa y la confianza de los clientes.

Resumen

El documento aborda diferentes aspectos clave en la gestión documental de los procesos logísticos. Estos son los puntos principales:

Introducción y Tratamiento de Documentación:

Resalta la importancia crítica de la documentación en la logística, asegurando la legalidad y eficiencia de las operaciones.

Detalla el proceso de preparación, verificación y corrección de documentos necesarios para la entrega y recogida.

Preparación y Verificación de Documentos:

Enumera documentos esenciales como guías de remisión, facturas comerciales, pólizas de seguro, y documentos aduaneros.

Explica procedimientos para compilar, revisar y corregir documentos, enfatizando la precisión y cumplimiento normativo.

Cumplimentación de la Documentación:

Describe el registro meticuloso de información relevante al finalizar el proceso, como datos de mercancía, entrega, transportista y condiciones.

Subraya la importancia de métodos de registro adecuados, incluyendo la digitalización y verificación en tiempo real.

Confirmación y Firma de Documentos:

Enfatiza la relevancia legal y operativa de la confirmación y firma de documentos, estableciendo la responsabilidad y autenticidad del proceso.

Protección de Datos y Registro de Información:

Aborda la relevancia de cumplir con normativas de protección de datos como el RGPD y la LOPDGDD en España.

Destaca principios como legalidad, transparencia, y seguridad en el manejo de datos.

Implementación de Medidas de Seguridad y Auditorías:

Detalla técnicas como encriptación de datos, control de acceso, y protección contra malware.

Recomienda auditorías y controles de seguridad regulares para garantizar el cumplimiento y eficacia de las medidas de protección de datos.

En resumen, el documento provee una guía exhaustiva sobre la gestión eficiente y segura de la documentación en los procesos de entrega y recogida, enfatizando la importancia de la precisión, legalidad, y protección de datos en la logística.

MÓDULO

3. Operaciones de cobro en el servicio de entrega y recogida a domicilio

Contenido del Módulo

3.1. Documentación y medios de pago habituales en las operaciones de cobro

3.2. Normativa aplicable y equipos utilizados en el proceso de cobro

3.3. Atención al cliente en el servicio de cobro de productos

ICB
EDITORES

UNIDAD

3.1. Documentación y medios de pago habituales en las operaciones de cobro

Contenido de la Unidad

- Definición y tipología de documentos justificativos en las operaciones de cobro
- Características fundamentales de cada tipo de documento
- Proceso de compra y venta
- Definición y tipología de medios en el proceso de cobro
- Definición y tipología de medios electrónicos en el proceso de cobro
- Resumen

ICB
EDITORES

1. Definición y tipología de documentos justificativos en las operaciones de cobro

Dentro del contexto de "Operaciones de Cobro en el Servicio de Entrega y Recogida a Domicilio", es esencial comprender la variedad y función de la documentación y los medios de pago habituales. Estos elementos no solo facilitan las transacciones, sino que también aseguran la legalidad y eficiencia de las operaciones comerciales.

1.1. Definición y Tipología de Documentos Justificativos en las Operaciones de Cobro

En el ámbito de la entrega y recogida a domicilio, diversos documentos justificativos juegan un papel crucial. Estos incluyen:

- ⇨ **Facturas:** Documentos detallados que especifican los bienes o servicios prestados, incluyendo el desglose de precios e impuestos.
- ⇨ **Tickets:** Comprobantes con menos detalles que las facturas, comúnmente usados en transacciones minoristas.
- ⇨ **Recibos:** Pruebas de pago emitidas para confirmar la recepción del monto adeudado por el cliente.
- ⇨ **Justificantes de Cobro:** Documentos que verifican la finalización exitosa de una transacción.
- ⇨ **Documentos Específicos:** Como otros documentos utilizados en circunstancias particulares.

La correcta utilización y manejo de estos documentos son fundamentales para mantener la transparencia y confiabilidad del servicio.

1.2. Características Fundamentales de los Documentos de Cobro

Cada documento empleado en el servicio de cobro debe:

- ⇨ Ser claro y conciso, evitando ambigüedades.
- ⇨ Cumplir con normativas legales pertinentes.

- ⇨ Garantizar la seguridad y fiabilidad para prevenir fraudes.
- ⇨ Ser adaptable a diferentes tipos de transacciones y métodos de pago.
- ⇨ La elección adecuada de estos documentos en cada fase del proceso de cobro es vital para el flujo eficiente y legal de las operaciones.

1.3. Normativa en las Operaciones de Compra/Venta

Es crucial estar al tanto de la normativa que regula las operaciones de compra/venta, especialmente en lo que respecta a la facturación, derechos del consumidor y protección de datos personales. Este conocimiento es fundamental para la realización de transacciones legales y transparentes.

1.4. Protección de Datos Personales

La protección de datos personales es un aspecto crítico en el proceso de cobro, sobre todo en servicios de entrega y recogida a domicilio. Las empresas deben asegurarse de que la información personal recabada se maneje conforme a las leyes de protección de datos, reforzando así la confianza del cliente en el servicio.

1.5. Cuidado y Custodia de la Documentación

Una gestión responsable de la documentación es crucial para minimizar riesgos como pérdidas, deterioro o mal uso de la información. La integridad y confidencialidad de los documentos deben ser una prioridad para garantizar la seguridad del cliente y la eficiencia del proceso de cobro.

2. Características fundamentales de cada tipo de documento

2.1. Facturas

- ♦ **Detalle y Especificación:** Las proporcionan un desglose completo de los bienes o servicios prestados. Incluyen información detallada como descripciones, cantidades, precios unitarios y el total a pagar.
- ♦ **Requisitos Legales:** Deben cumplir con los requisitos legales de facturación, como la inclusión de datos del emisor y del receptor, así como

el desglose de impuestos.

Función Contable: Son esenciales para la contabilidad y auditoría de las empresas, ya que sirven como registro oficial de ventas y servicios.

2.2. Tickets

- **Información Resumida:** A diferencia de las facturas, los tickets ofrecen información más resumida sobre la transacción, como la fecha, el total a pagar y una breve descripción de la compra.
- **Uso en Ventas al Detalle:** Comúnmente utilizados en transacciones minoristas, como en supermercados o tiendas.
- **Comprobante para el Cliente:** Sirven como comprobante inmediato para el cliente, pero no reemplazan a la factura en términos de detalles fiscales o legales.

2.3. Recibos

- **Confirmación de Pago:** Los recibos son pruebas de que el cliente ha efectuado el pago. Indican la cantidad pagada y la fecha del pago.
- **Simplicidad:** Generalmente son documentos simples, sin un desglose detallado de la transacción.
- **Importancia Post-Transacción:** Son importantes después de la venta, especialmente para confirmar pagos y en caso de necesitar realizar devoluciones o reclamaciones.

2.4. Justificantes de Cobro

- **Verificación de Transacción:** Estos documentos confirman que una transacción se ha completado satisfactoriamente.
- **Diversidad en Formato:** Pueden variar en formato y contenido, pero generalmente incluyen detalles de la transacción y la confirmación de recepción del pago.
- **Uso en Auditorías y Controles:** Son útiles para fines de auditoría y para mantener un control interno de las operaciones de cobro.

2.5. Documentos Específicos

- **Circunstancias Particulares:** Incluyen documentos como cartas de pago de impuestos y comprobantes de multas, utilizados en situaciones específicas.
- **Información Relevante:** Contienen información pertinente a la transacción específica, como el monto del impuesto o multa, y detalles de pago.
- **Función Legal y Regulatoria:** Estos documentos tienen una función legal y suelen ser requeridos por entidades gubernamentales o reguladoras.

3. PROCESO DE COMPRA Y VENTA

El proceso de compra y venta es un conjunto de pasos que se llevan a cabo desde el inicio de una transacción comercial hasta su finalización, involucrando tanto al vendedor como al comprador. Durante este proceso, se utilizan diversos documentos en diferentes etapas para formalizar y confirmar la transacción. A continuación, se describe detalladamente este proceso y se explica en qué momento se utiliza cada uno de los documentos mencionados:

3.1. Recepción de la Orden de Entrega

- **Acción:** El personal de entrega recibe una orden de entrega que detalla los productos o servicios adquiridos por el cliente.
- **Documentos Utilizados:** Orden de entrega, que puede incluir referencias a la factura o al pedido realizado por el cliente.

3.2. Preparación y Verificación del Pedido

- **Acción:** Se preparan los artículos para la entrega, asegurando que coincidan con los detalles del pedido.
- **Documentos Utilizados:** Lista de empaque o documento de preparación del pedido, que verifica los artículos a ser entregados.

3.3. Proceso de Entrega

- **Acción:** Los productos son transportados al domicilio del cliente.

- **Documentos Utilizados:** En esta etapa, el personal de entrega lleva consigo la documentación necesaria para la entrega, como la factura o el justificante de entrega.

3.4. Entrega y Verificación en el Domicilio del Cliente

- **Acción:** Al llegar al domicilio, se verifica la identidad del cliente y se entregan los productos.

  Documentos Utilizados:

  - **Factura:** Si no ha sido enviada electrónicamente, se entrega una copia al cliente.
  - **Justificante de Entrega:** El cliente firma este documento como confirmación de que ha recibido los productos correctamente.

3.5. Cobro en el Momento de la Entrega (si aplica)

- **Acción:** En algunos casos, el pago se realiza en el momento de la entrega.

  Documentos Utilizados:

  - **Recibo:** Se emite un recibo en caso de pago en efectivo.
  - **Ticket:** Para ventas minoristas donde se realiza el cobro en el momento de la entrega.
  - **Justificante de Cobro Electrónico:** Para pagos realizados por tarjeta o medios electrónicos.

3.6. Documentos Específicos (si aplica)

- **Acción:** En situaciones particulares, pueden requerirse documentos adicionales.

Documentos Utilizados: Cartas de pago de impuestos o comprobantes de multas, entregados al cliente si la transacción lo requiere.

3.7. Post-Entrega y Feedback

- **Acción:** Tras la entrega, se puede solicitar al cliente que proporcione feedback o se realice un seguimiento de satisfacción.

Documentos Utilizados: No es común que se utilicen documentos formales en esta etapa, aunque puede haber interacciones digitales para recoger opiniones.

Este enfoque detalla cómo el personal de entrega interactúa con diversos documentos a lo largo del proceso de compra y venta, destacando su rol crucial en la confirmación y finalización exitosa de las transacciones de entrega a domicilio.

4. DEFINICIÓN Y TIPOLOGÍA DE MEDIOS EN EL PROCESO DE COBRO

En el servicio de entrega y recogida a domicilio, el proceso de cobro puede involucrar varios medios de pago. Estos medios se seleccionan en función de su conveniencia, seguridad y aceptación tanto por el vendedor como por el cliente. A continuación, se describen los medios de pago más comunes:

4.1. Efectivo

- **Descripción:** El pago en efectivo implica la transferencia física de dinero, generalmente en la moneda local.
- **Uso en Entrega a Domicilio:** Común en transacciones pequeñas o cuando otras formas de pago no están disponibles. Importante mantener la seguridad en el manejo del efectivo.

  Consideraciones de Seguridad

  - **Manejo de Efectivo:** Los repartidores deben estar capacitados en el manejo seguro del efectivo para evitar pérdidas o robos. Esto puede incluir límites en la cantidad de dinero en efectivo que pueden llevar.
  - **Cambio Exacto:** Es importante que los repartidores lleven cambio suficiente para facilitar las transacciones y mejorar la experiencia del cliente.

4.2. Cheques

- **Descripción:** Documentos que ordenan al banco del emisor pagar una cantidad específica al portador o al beneficiario del cheque.

- **Uso en Entrega a Domicilio:** Menos común en la era digital, pero aún utilizado en ciertos contextos, como pagos de empresas o clientes que prefieren métodos tradicionales.

Verificación y Fraude

- ⇨ **Autenticidad:** La verificación de la autenticidad y la suficiencia de fondos es crucial.
- ⇨ Algunas empresas pueden optar por no aceptar cheques debido a estos riesgos.
- ⇨ **Procedimientos de Depósito:** Los repartidores deben seguir procedimientos estrictos para el depósito seguro de los cheques recibidos.

4.3. Reembolso

- **Descripción:** Método donde el pago se realiza en el momento de la entrega del producto.
- **Uso en Entrega a Domicilio:** Adecuado para clientes que no desean pagar por adelantado, pero implica riesgos y desafíos logísticos para el repartidor.

Logística y Riesgos

- ⇨ **Limitaciones:** Este método puede limitar las opciones de entrega, ya que no todos los repartidores están equipados para manejar pagos en el punto de entrega.
- ⇨ **Riesgos Asociados:** El reembolso implica riesgos adicionales, como la falta de pago o la devolución de productos, que deben ser gestionados eficazmente.

4.4. Tarjetas de Débito y Crédito

- **Descripción:** Tarjetas vinculadas a cuentas bancarias (débito) o líneas de crédito (crédito).

- **Uso en Entrega a Domicilio:** Ampliamente aceptadas, requieren de un dispositivo POS (terminal punto de venta) para procesar el pago en el lugar de entrega.

  Tecnología y Conectividad

  - **Equipamiento Tecnológico:** Los repartidores requieren dispositivos POS móviles para procesar pagos con tarjeta en el lugar de entrega.
  - **Conectividad:** La fiabilidad de la conexión a internet o de la red móvil es crucial para asegurar que las transacciones se procesen sin interrupciones.

4.5. Tarjetas Contactless

- **Descripción:** Tarjetas que permiten pagos a través de tecnología de comunicación de campo cercano (NFC).
- **Uso en Entrega a Domicilio:** Proporcionan una forma rápida y segura de pago, simplemente acercando la tarjeta a un lector compatible.

  Rapidez y Comodidad

  - **Ventajas:** Estas tarjetas reducen significativamente el tiempo de transacción, lo cual es ideal para un proceso de entrega ágil.
  - **Seguridad:** A pesar de su conveniencia, es importante garantizar que las transacciones sean seguras y que se respeten los límites de pago sin contacto.

4.6. Monederos Electrónicos y Otros Métodos Digitales

- **Descripción:** Aplicaciones o plataformas que almacenan de forma segura información de pago digital, permitiendo transacciones rápidas y seguras.
- **Uso en Entrega a Domicilio:** Cada vez más populares, permiten pagos sin contacto y son útiles para entregas rápidas y seguras.

  Tendencias Emergentes

  - **Popularidad Creciente:** Con el aumento del comercio electrónico, los monederos electrónicos se están convirtiendo en una opción de pago preferida para muchos clientes.

⇨ **Integración con Aplicaciones Móviles:** Muchos servicios de entrega integran estas plataformas en sus aplicaciones móviles, facilitando así un proceso de pago sin fisuras y altamente seguro.

4.7. Otros Métodos de Pago

- **Innovaciones:** Nuevas formas de pago como criptomonedas y códigos QR están emergiendo, aunque su adopción varía según la región y el tipo de cliente.

- **Flexibilidad:** La capacidad de adaptarse a estos nuevos métodos puede ser un diferenciador clave en el mercado y mejorar la satisfacción del cliente.

Cada uno de estos medios de pago tiene sus propias características, ventajas y limitaciones. La elección del medio de pago adecuado depende de varios factores, como la preferencia del cliente, el valor de la transacción, la infraestructura disponible y las consideraciones de seguridad.

5. DEFINICIÓN Y TIPOLOGÍA DE MEDIOS ELECTRÓNICOS EN EL PROCESO DE COBRO

El uso de dispositivos electrónicos en las operaciones de cobro facilita y agiliza las transacciones, además de ofrecer opciones de pago modernas y seguras. A continuación, se describen algunos de los dispositivos más utilizados y se explica cómo se manejan en el proceso de cobro:

5.1. PDA (Asistentes Digitales Personales): Un Enfoque Detallado

Los PDA son herramientas versátiles que han evolucionado significativamente desde su introducción. Aunque en la actualidad muchos de sus usos han sido subsumidos por smartphones modernos, en ciertos contextos comerciales y operativos, los PDA siguen siendo herramientas valiosas.

- Descripción Detallada
  - **Multifuncionalidad:** Los PDA son dispositivos portátiles que combinan las funciones de computación, telefonía móvil y otros dispositivos electrónicos en uno solo. Tienen capacidades de procesamiento de datos, capacidad para ejecutar diversas aplicaciones y suelen incluir funciones como calendarios, listas de tareas y blocs de notas.
  - **Conectividad:** Equipados con diversas opciones de conectividad, incluyendo Wi-Fi, Bluetooth y, en algunos casos, redes móviles, permiten el acceso constante a bases de datos y sistemas en línea.
  - **Pantallas Táctiles e Interfaces de Usuario:** Generalmente poseen pantallas táctiles y ofrecen una interfaz de usuario fácil de navegar, lo que los hace accesibles y eficientes para usuarios de diversos niveles técnicos.
- Uso en Cobro y Gestión
  - **Procesamiento de Pedidos:** Los PDA son ampliamente utilizados para ingresar y procesar pedidos en tiempo real, lo que facilita la actualización instantánea de los inventarios y la comunicación con los sistemas de gestión centralizados.
  - **Gestión de Inventario:** Son herramientas efectivas para el seguimiento y la gestión de inventarios, permitiendo a los empleados escanear códigos de barras y actualizar los niveles de stock sobre la marcha.
  - **Transacciones y Pagos:** Algunos modelos están equipados con lectores de tarjetas integrados o pueden conectarse a dispositivos externos para procesar pagos, haciéndolos útiles en entornos donde la movilidad y la flexibilidad son clave.
- Optimización y Mantenimiento
  - **Actualizaciones de Software:** Mantener el software del PDA actualizado es crucial para la seguridad y eficiencia. Las actualizaciones pueden incluir mejoras en la interfaz de usuario, nuevas funcionalidades y parches de seguridad.

- ⇨ **Conectividad Robusta:** Asegurar una conexión de red estable y rápida es esencial para el rendimiento óptimo de los PDA, especialmente en entornos donde las transacciones deben procesarse sin demoras.
- ⇨ **Capacitación y Soporte Técnico:** Proporcionar capacitación regular al personal sobre cómo utilizar eficazmente los PDA y asegurar el acceso a soporte técnico para resolver problemas rápidamente.
- ⇨ **Mantenimiento del Hardware:** Incluye la verificación regular de la batería, la pantalla táctil y otros componentes físicos para asegurar su funcionalidad y prolongar su vida útil.

Los PDA, con su combinación de portabilidad, multifuncionalidad y conectividad, desempeñan un papel importante en las operaciones de cobro, especialmente en entornos que requieren movilidad y eficiencia. Su correcta utilización y mantenimiento son esenciales para maximizar su potencial y contribuir al flujo de trabajo eficiente en las operaciones de cobro.

5.2. TPV (Terminal Punto de Venta)

Los TPV son sistemas integrales que juegan un papel crucial en el entorno de ventas moderno, proporcionando una solución completa para la gestión de transacciones comerciales.

- ♦ Descripción Detallada
  - ⇨ **Integración de Hardware y Software:** Los TPV combinan hardware específico, como monitores, lectores de tarjetas, impresoras de recibos y cajones de efectivo, con software especializado que gestiona las ventas y el procesamiento de pagos.
  - ⇨ **Versatilidad y Adaptabilidad:** Existen diferentes tipos de TPV adaptados a varios sectores comerciales, desde restaurantes y tiendas minoristas hasta servicios de entrega. Cada uno está diseñado para satisfacer las necesidades específicas de su entorno.
  - ⇨ **Funcionalidades Avanzadas:** Los sistemas TPV modernos ofrecen funcionalidades como gestión de inventarios, seguimiento de ventas, análisis de datos y generación de informes, integración con programas de fidelización de clientes y más.

- Uso en Cobro y Gestión de Ventas
  - ⇨ **Procesamiento Eficiente de Pagos:** Los TPV agilizan el proceso de cobro, permitiendo a los comerciantes aceptar diferentes formas de pago, incluyendo efectivo, tarjetas de crédito/débito y pagos móviles.
  - ⇨ **Gestión Integral de Ventas:** Más allá de procesar pagos, los TPV ayudan en la gestión del día a día de un negocio, desde el seguimiento de las ventas en tiempo real hasta la gestión de inventarios y la programación del personal.
  - ⇨ **Experiencia del Cliente:** Los TPV contribuyen a mejorar la experiencia del cliente al reducir el tiempo de espera, facilitar transacciones sin problemas y ofrecer diversas opciones de pago.
- Optimización y Mejoras Continuas
  - ⇨ **Capacitación del Personal:** Una capacitación exhaustiva y continua es vital para que los empleados aprovechen al máximo las capacidades del TPV. Esto incluye no solo el manejo básico del sistema, sino también la familiarización con sus características avanzadas.
  - ⇨ **Mantenimiento Regular:** El mantenimiento proactivo del hardware y las actualizaciones periódicas del software son esenciales para asegurar la fiabilidad y seguridad del TPV.
  - ⇨ **Análisis de Datos y Feedback:** Utilizar los datos recopilados por el TPV para analizar tendencias de ventas, preferencias de los clientes y eficiencia operativa, lo que puede guiar las decisiones comerciales y estrategias de marketing.
  - ⇨ **Seguridad y Cumplimiento:** Mantener altos estándares de seguridad, incluyendo la protección contra fraudes y el cumplimiento de normativas como PCI DSS (Payment Card Industry Data Security Standard), para proteger la información sensible del cliente.

Los TPV, con su capacidad para gestionar múltiples aspectos de las transacciones comerciales, no solo simplifican el proceso de cobro, sino que también aportan un valor considerable a la gestión y estrategia comercial. Su correcto uso y mantenimiento son fundamentales para maximizar su eficiencia y contribuir al éxito general del negocio.

5.3. Datáfonos

Los datáfonos son dispositivos esenciales en el mundo del comercio moderno, facilitando transacciones electrónicas seguras y eficientes.

- Descripción Detallada

  - ⇨ **Funcionalidad Esencial:** Los datáfonos son dispositivos electrónicos diseñados específicamente para procesar pagos con tarjeta de crédito o débito. Estos dispositivos pueden leer la información de la tarjeta ya sea mediante contacto físico (insertando la tarjeta), tecnología de banda magnética, chip EMV o a través de NFC para pagos sin contacto.

  - ⇨ **Diseño y Conectividad:** Vienen en varios diseños, desde modelos fijos hasta portátiles. La mayoría de los datáfonos modernos cuentan con conectividad inalámbrica o móvil, permitiendo su uso en diversos entornos, incluyendo servicios de entrega a domicilio.

  - ⇨ **Interfaz de Usuario y Pantallas:** Generalmente, cuentan con una pantalla y un teclado para ingresar montos y realizar operaciones, aunque los modelos más avanzados pueden tener pantallas táctiles y menús intuitivos.

- Uso en Cobro y Procesamiento de Pagos

  - ⇨ **Punto de Venta:** Los datáfonos son utilizados en puntos de venta para realizar el cobro de productos o servicios. Permiten una transacción rápida y segura, proporcionando al cliente un recibo impreso o digital de la compra.

  - ⇨ **Autorización y Seguridad:** Durante una transacción, el datáfono se comunica con el banco emisor de la tarjeta para autorizar el pago, asegurándose de que haya fondos disponibles y de que la transacción sea legítima.

  - ⇨ **Adaptabilidad en Entregas a Domicilio:** En el contexto de entregas a domicilio, los datáfonos portátiles ofrecen una solución práctica para procesar pagos en la puerta del cliente, mejorando la experiencia de compra y facilitando transacciones eficientes.

- Optimización y Seguridad
  - ⇨ **Conexión de Red Fiable:** Una conexión de red estable es crucial para asegurar que las transacciones se procesen sin interrupciones. En entornos de entrega, esto puede significar elegir dispositivos con buenas capacidades de conectividad móvil.
  - ⇨ **Actualizaciones y Mantenimiento:** Mantener el software del datáfono actualizado es vital para asegurar la compatibilidad con los últimos estándares de seguridad y tecnología de pago.
  - ⇨ **Capacitación en Seguridad:** Es fundamental capacitar al personal en el manejo seguro del datáfono, incluyendo el conocimiento de las señales de alerta de fraude y las mejores prácticas para proteger la información del cliente.
  - ⇨ **Cumplimiento de Normativas:** Asegurarse de que los datáfonos cumplan con las normativas de seguridad de datos, como PCI DSS, para proteger contra el robo de datos y el fraude.

Los datáfonos son componentes críticos en el ecosistema de pagos electrónicos, permitiendo transacciones seguras y eficientes tanto en establecimientos físicos como en servicios de entrega. La correcta utilización y mantenimiento de estos dispositivos son fundamentales para garantizar la seguridad de las transacciones y la confianza del cliente.

5.4. Aplicaciones en Dispositivos Móviles

Las aplicaciones móviles han revolucionado la forma en que se realizan las operaciones de cobro, brindando soluciones ágiles y versátiles que se adaptan a las necesidades de un mercado en constante cambio.

- Descripción Detallada
  - ⇨ **Funcionalidad y Versatilidad:** Estas aplicaciones transforman smartphones o tabletas en potentes herramientas para el cobro, capaces de realizar una amplia gama de funciones relacionadas

con las transacciones comerciales. Pueden incluir características como procesamiento de pagos, gestión de pedidos, seguimiento de inventarios, análisis de ventas y mucho más.

⇨ **Interfaz Intuitiva y Accesibilidad:** Diseñadas con interfaces de usuario amigables, estas aplicaciones permiten un manejo sencillo y eficaz de las operaciones de cobro, incluso para usuarios con habilidades técnicas limitadas.

⇨ **Integración con Sistemas Existentes:** Muchas de estas aplicaciones están diseñadas para integrarse sin problemas con otros sistemas empresariales, como software de contabilidad, gestión de inventarios y CRM (Customer Relationship Management).

♦ Uso en Cobro y Administración de Ventas

⇨ **Procesamiento de Pagos en Movimiento:** Estas aplicaciones permiten a los empleados procesar pagos de manera rápida y segura en cualquier lugar, lo cual es especialmente útil en entornos de venta móvil o en servicios de entrega a domicilio.

⇨ **Gestión de Transacciones y Seguimiento de Ventas:** Además del cobro, estas aplicaciones pueden usarse para gestionar transacciones completas, desde la toma de pedidos hasta el seguimiento post-venta, proporcionando valiosos insights sobre las tendencias de ventas y el comportamiento del cliente.

⇨ **Flexibilidad y Adaptabilidad:** Son especialmente valiosas en situaciones donde la movilidad es clave, permitiendo a los negocios adaptarse a diferentes escenarios de venta y ofrecer a los clientes una experiencia de compra fluida y moderna.

♦ Optimización y Mejora Continua

⇨ **Actualizaciones Regulares:** Mantener las aplicaciones actualizadas es crucial para asegurar la seguridad, mejorar la funcionalidad y añadir nuevas características. Las actualizaciones frecuentes también ayudan a proteger contra vulnerabilidades de seguridad y garantizar la compatibilidad con los últimos dispositivos y sistemas operativos.

- ⇨ **Capacitación del Personal:** Es esencial capacitar al personal en el uso efectivo de estas aplicaciones para maximizar su potencial. Esto incluye familiarizarse con todas las funciones disponibles, entender las mejores prácticas de seguridad y aprender a solucionar problemas comunes.

- ⇨ **Evaluación y Feedback:** Recoger y analizar el feedback tanto de los empleados como de los clientes sobre la usabilidad y funcionalidad de las aplicaciones puede proporcionar insights valiosos para futuras mejoras y ajustes.

Las aplicaciones en dispositivos móviles representan una parte fundamental de la infraestructura de cobro en muchos negocios modernos, ofreciendo una solución flexible y poderosa para gestionar transacciones y mejorar la experiencia del cliente. Su correcta implementación y uso continuo son clave para mantener la eficiencia operativa y la satisfacción del cliente.

5.5. Tecnología RFID/NFC: Descripción y Uso Detallado

La tecnología RFID (Radio Frequency Identification) y NFC (Near Field Communication) son pilares clave en el desarrollo de sistemas de pago sin contacto, proporcionando una forma rápida y segura de realizar transacciones.

- ♦ Descripción Detallada

  - ⇨ **Fundamentos Tecnológicos:** Tanto RFID como NFC son tecnologías basadas en la comunicación por radiofrecuencia. RFID se utiliza para identificar y rastrear etiquetas adjuntas a objetos, mientras que NFC es una extensión de RFID con un rango de operación más corto, diseñada para la comunicación segura entre dispositivos como smartphones y terminales de pago.

  - ⇨ **Versatilidad y Aplicaciones:** Estas tecnologías se utilizan en una variedad de aplicaciones, desde sistemas de pago hasta control de acceso y seguimiento de inventario. En el contexto de los pagos, permiten realizar transacciones simplemente acercando una tarjeta o un dispositivo móvil a un lector NFC.

- Uso en Cobro y Sistemas de Pago Sin Contacto
  - **Pagos Rápidos y Cómodos:** Los sistemas basados en NFC permiten a los consumidores realizar pagos sin necesidad de insertar una tarjeta o ingresar un PIN, lo cual es ideal para entornos de venta rápida.
  - **Integración con Smartphones y Relojes Inteligentes:** Con la adopción de NFC en dispositivos móviles y wearables, los consumidores pueden utilizar estos dispositivos para realizar pagos, agregando una capa de conveniencia y seguridad.
  - **Seguridad Mejorada:** A diferencia de las tarjetas de banda magnética, las transacciones NFC generan tokens únicos para cada operación, lo que reduce significativamente el riesgo de fraude por duplicación de tarjetas.
- Optimización y Seguridad
  - **Conocimiento de Límites y Restricciones:** Es importante estar al tanto de los límites de transacción impuestos por los sistemas de pago NFC, que pueden variar según el país o el banco emisor. Estos límites están diseñados para equilibrar conveniencia y seguridad.
  - **Medidas de Seguridad Avanzadas:** Comprender y aplicar las medidas de seguridad disponibles, como la autenticación de dos factores o el bloqueo de tarjetas y dispositivos en caso de pérdida o robo, es crucial para proteger las transacciones.
  - **Educación del Consumidor y el Personal:** Informar tanto a los clientes como al personal sobre el uso correcto y seguro de la tecnología NFC es esencial. Esto incluye la comprensión de cómo realizar transacciones seguras y la concienciación sobre la protección de datos personales.

La tecnología RFID/NFC representa un avance significativo en la forma en que se realizan los pagos, ofreciendo rapidez, comodidad y seguridad. Su adopción generalizada en sistemas de pago sin contacto es un testimonio de su eficacia y fiabilidad. La comprensión y el uso adecuado de estas tecnologías son fundamentales para garantizar transacciones fluidas y seguras en una variedad de entornos comerciales.

5.6. Tarjetas Virtuales y Plataformas de Pago:

Las tarjetas virtuales y las plataformas de pago digital representan una evolución importante en el mundo de las transacciones financieras, ofreciendo métodos de pago alternativos que se adaptan a la creciente demanda de soluciones de pago en línea y móviles.

- Descripción Detallada

  - **Naturaleza y Funcionalidad:** Las tarjetas virtuales son versiones digitales de tarjetas de crédito o débito tradicionales, que existen únicamente en forma electrónica. Estas tarjetas almacenan de forma segura la información de pago y se pueden utilizar para transacciones en línea o a través de aplicaciones móviles.

  - **Plataformas de Pago Digital:** Son servicios que permiten a los usuarios almacenar y gestionar diferentes métodos de pago, incluyendo tarjetas virtuales, en una única cuenta. Estas plataformas pueden integrarse con sistemas de comercio electrónico, aplicaciones móviles y sistemas POS para facilitar una amplia gama de transacciones.

  - **Tecnología Involucrada:** Estas soluciones suelen emplear tecnologías avanzadas como encriptación de datos, tokenización y autenticación segura para proteger la información de pago y la identidad del usuario.

- Uso en Cobro y Transacciones Digitales

  - **Pagos Sin Tarjetas Físicas:** Permiten realizar transacciones sin la necesidad de una tarjeta física, lo cual es especialmente útil para compras en línea, pagos móviles y en entornos donde se prefiere el contacto mínimo.

  - **Uso con Códigos QR y NFC:** Algunas plataformas permiten realizar pagos mediante la lectura de un código QR o utilizando la tecnología NFC, ofreciendo así un método de pago rápido y conveniente para los usuarios y los comerciantes.

  - **Adaptabilidad y Conveniencia:** Estas soluciones son ideales para consumidores que buscan flexibilidad y conveniencia en sus opciones de pago, así como para comerciantes que desean ofrecer a sus clientes una experiencia de compra sin fricciones.

- Optimización y Seguridad

  - **Compatibilidad con Sistemas de Pago:** Es crucial que estas soluciones sean compatibles con una amplia gama de sistemas de pago y plataformas de comercio electrónico para garantizar su usabilidad en diferentes escenarios comerciales.

  - **Mantenimiento de Altos Estándares de Seguridad:** La protección de la información de pago y la privacidad del usuario son de suma importancia. Esto incluye la implementación de medidas de seguridad robustas como la encriptación, la autenticación multifactor y la monitorización constante de transacciones sospechosas.

  - **Actualizaciones y Mejoras Continuas:** Mantener estas plataformas actualizadas con las últimas mejoras tecnológicas y de seguridad es fundamental para asegurar su eficacia y proteger contra amenazas emergentes.

  - **Educación y Soporte al Usuario:** Ofrecer recursos educativos y soporte al usuario para garantizar que entiendan cómo utilizar estas plataformas de manera segura y efectiva es esencial para maximizar su adopción y satisfacción.

RESUMEN

En el contexto de las operaciones de cobro en servicios de entrega y recogida a domicilio, la documentación y los medios de pago son elementos clave para facilitar transacciones transparentes y seguras.

Para las operaciones de cobro, existen distintos documentos que cumplen funciones específicas:

- ⇨ Facturas: Desglosan los bienes o servicios prestados e incluyen información como descripciones, precios y detalles fiscales. Son esenciales para la contabilidad empresarial.
- ⇨ Tickets: Comprobantes más simples que las facturas, utilizados en transacciones minoristas para brindar al cliente un recibo inmediato.
- ⇨ Recibos: Documentos que confirman el pago efectuado, fundamentales para verificar pagos post-transacción.
- ⇨ Justificantes de Cobro: Acreditan que la transacción fue completada exitosamente, útiles para auditorías y control interno.
- ⇨ Documentos Específicos: Empleados en situaciones especiales, como el pago de impuestos o multas, con una función regulatoria.

Cada documento de cobro debe ser claro, cumplir con la normativa, garantizar seguridad contra fraudes y adaptarse a diferentes tipos de transacciones. Además, se destaca la importancia de la custodia adecuada de estos documentos para evitar su pérdida o mal uso y cumplir con la normativa de protección de datos personales.

El proceso de compra y venta incluye pasos como la recepción y preparación de la orden de entrega, la entrega en el domicilio del cliente, el cobro en el momento de la entrega (si aplica) y la post-entrega. A lo largo de estas etapas se utilizan documentos específicos para formalizar y confirmar las transacciones.

Existen varios medios de pago:

- ⇨ Efectivo: Común en transacciones pequeñas, requiere medidas de seguridad como manejo adecuado del efectivo y cambio exacto.

- ⇨ Cheques: Aunque menos comunes, requieren verificación de autenticidad y suficiente saldo.
- ⇨ Reembolso: Permite pagar en el momento de la entrega, aunque con riesgos logísticos.
- ⇨ Tarjetas de Débito y Crédito: Muy utilizadas, necesitan un dispositivo POS para pagos en el lugar de entrega.
- ⇨ Tarjetas Contactless: Facilitan pagos rápidos mediante tecnología NFC.
- ⇨ Monederos Electrónicos y Otros Métodos Digitales: Opciones populares que ofrecen pagos sin contacto.
- ⇨ Otros Métodos de Pago: Como criptomonedas y códigos QR, con variada aceptación.

Los medios de cobro y dispositivos electrónicos optimizan las operaciones de cobro, aportando seguridad, eficiencia y adaptabilidad en un entorno donde las transacciones deben ser rápidas y seguras.

- ⇨ PDA (Asistentes Digitales Personales): Usados para gestionar inventarios y transacciones en tiempo real.
- ⇨ TPV (Terminal Punto de Venta): Integran hardware y software para la gestión completa de ventas y pagos.
- ⇨ Datáfonos: Dispositivos portátiles para pagos con tarjeta, comunes en entregas a domicilio.
- ⇨ Aplicaciones Móviles: Transforman smartphones en herramientas de cobro, adaptables y versátiles para ventas móviles.
- ⇨ Tecnología RFID/NFC: Permite pagos sin contacto mediante radiofrecuencia, común en sistemas de pago rápido.
- ⇨ Tarjetas Virtuales y Plataformas de Pago: Alternativas digitales para pagos en línea y móviles, con opciones de QR y NFC.

ICB
EDITORES

UNIDAD

3.2. Normativa aplicable y equipos utilizados en el proceso de cobro

Contenido de la Unidad

- Normativa Básica de las Operaciones de Compra/ Venta en España
- Normativa aplicable de protección de datos personales
- Normas de uso de medios de cobro
- Resumen

1. Normativa Básica de las Operaciones de Compra/Venta en España

En España, las operaciones de compra/venta, especialmente las que involucran entregas a domicilio, están reguladas por una serie de leyes y normativas que buscan proteger tanto a consumidores como a comerciantes.

1.1. Legislación Comercial y Civil

Código de Comercio y Código Civil: Estos códigos regulan los contratos de compra/venta, estableciendo las bases legales para las transacciones comerciales. Estipulan las condiciones bajo las cuales se considera válido un contrato, incluyendo la oferta, aceptación y los términos de la transacción.

1.2. Ley General para la Defensa de los Consumidores y Usuarios

Derechos en Ventas a Distancia: La Ley 3/2014, de 27 de marzo, que modifica el texto refundido de la Ley General para la Defensa de los Consumidores y Usuarios, aborda específicamente las ventas a distancia. Esta ley exige que se proporcione a los consumidores información clara y comprensible antes de realizar una compra, incluyendo detalles sobre precios, gastos adicionales y procedimientos de devolución.

Derecho de Desistimiento: Esta misma ley otorga a los consumidores un periodo de 14 días naturales para desistir del contrato sin necesidad de justificación y sin incurrir en costes adicionales.

1.3. Regulaciones sobre Entrega de Productos

Responsabilidad del Vendedor: Según la ley, el vendedor es responsable de cualquier daño o pérdida que sufra el producto hasta que este es entregado al consumidor, a menos que el consumidor haya elegido un transportista que no sea uno de los ofrecidos por el vendedor.

1.4. Transparencia en Precios y Facturación

Obligaciones de Facturación: Las empresas están obligadas a emitir facturas claras y detalladas, conforme a lo establecido en el Reglamento de

Facturación (Real Decreto 1619/2012).

1.5. Cumplimiento de Normativas de Calidad y Garantías

Garantías de Productos: La Ley General para la Defensa de los Consumidores y Usuarios establece que los productos tienen una garantía de dos años desde la entrega. Durante los primeros seis meses, se presume que cualquier defecto ya existía en el momento de la entrega, correspondiendo al vendedor probar lo contrario si es necesario.

1.6. Protección de Datos Personales

Reglamento General de Protección de Datos (RGPD): Las empresas deben cumplir con el RGPD en lo que respecta al tratamiento de datos personales de los clientes, asegurando la protección de su privacidad y el uso adecuado de sus datos.

2. Normativa aplicable de protección de datos personales

La protección de los datos personales es un aspecto crucial en las operaciones de compra/venta, especialmente en las transacciones que implican entregas a domicilio. En España, esta protección está regulada por leyes específicas que garantizan la seguridad y privacidad de la información personal de los consumidores.

2.1. Reglamento General de Protección de Datos (RGPD)

Aplicación y Alcance: El RGPD es una normativa de la Unión Europea adoptada por España, que establece las pautas para el tratamiento de datos personales. Afecta a todas las empresas que procesan datos de ciudadanos de la UE, independientemente de dónde se encuentren estas empresas.

Principios Fundamentales: Incluye principios como la licitud, lealtad y transparencia en el tratamiento de datos, limitación del propósito, minimización de datos, exactitud, limitación del plazo de conservación y la integridad y confidencialidad de los datos personales.

2.2. Ley Orgánica de Protección de Datos y Garantía de los

Derechos Digitales (LOPDGDD)

Complemento al RGPD: La LOPDGDD complementa al RGPD y se centra en adaptar la legislación española a los requisitos del reglamento europeo. Esta ley detalla aspectos específicos como los derechos de los interesados, las obligaciones de los responsables y encargados del tratamiento y las transferencias internacionales de datos.

2.3. Derechos de los Consumidores Relacionados con sus Datos Personales

Derechos ARCO: Los consumidores tienen derechos específicos en relación con sus datos personales, conocidos como derechos ARCO (Acceso, Rectificación, Cancelación y Oposición). Estos derechos permiten a los individuos controlar cómo se utilizan sus datos personales.

Consentimiento Informado: Las empresas deben obtener el consentimiento explícito e informado de los consumidores antes de procesar sus datos personales, especialmente en el contexto de marketing directo o cualquier otro tratamiento que no sea esencial para la ejecución del contrato de compra/venta.

2.4. Obligaciones de las Empresas en la Protección de Datos

Medidas de Seguridad: Las empresas deben implementar medidas técnicas y organizativas adecuadas para proteger los datos personales contra el acceso no autorizado, la pérdida o el daño.

Notificación de Brechas de Seguridad: En caso de una violación de datos, las empresas están obligadas a notificar a la Agencia Española de Protección de Datos y, en ciertos casos, a los individuos afectados.

2.5. Aplicación en el Servicio de Entrega y Recogida a Domicilio

Tratamiento de Datos para Entregas: Las empresas deben asegurarse de que los datos personales recogidos para las entregas a domicilio se utilicen exclusivamente para ese propósito y se protejan adecuadamente.

Limitación y Minimización de Datos: Solo deben recogerse los datos estrictamente necesarios para realizar la entrega y estos deben ser eliminados o anonimizados una vez que ya no sean necesarios.

3. Normas de uso de medios de cobro

El uso de dispositivos tecnológicos en las operaciones de cobro está regulado para asegurar transacciones eficientes, seguras y conformes a la ley. A continuación, se detallan algunas normas y buenas prácticas asociadas al uso de estos dispositivos:

3.1. PDAs (Asistentes Digitales Personales)

Protección de Datos: Asegurar que la información del cliente almacenada o procesada en PDAs esté protegida mediante encriptación y medidas de seguridad adecuadas.

Actualizaciones y Mantenimiento: Mantener el software y las aplicaciones de los PDAs actualizados para garantizar su funcionalidad y seguridad.

3.2. TPV (Terminales Punto de Venta)

Cumplimiento de Normativas: Los TPV deben cumplir con estándares de seguridad como el PCI DSS para asegurar la protección de datos de tarjetas de crédito y débito.

Formación del Personal: Los usuarios de los TPV deben estar adecuadamente formados para operar los dispositivos de manera eficiente y segura.

3.3. Datáfonos

Integridad del Dispositivo: Verificar regularmente que los datáfonos no hayan sido manipulados o comprometidos.

Conexión Segura: Asegurar que la transmisión de datos se realice a través de conexiones seguras para prevenir interceptaciones o fraude.

3.4. Lectores Ópticos de Códigos de Barras

Calibración y Mantenimiento: Mantener los lectores ópticos bien calibrados y limpios para garantizar la precisión en la lectura de códigos.

Uso Adecuado: Capacitar al personal en el uso correcto y eficiente de los lectores para evitar errores en el escaneo y en el cobro.

3.5. Dispositivos con Tecnología RFID/NFC

Protección contra Interferencias y Fraude: Implementar medidas de seguridad para proteger contra el robo de datos o pagos no autorizados mediante tecnología RFID/NFC.

Limitaciones y Autorizaciones: Estar al tanto de las limitaciones de cantidad en transacciones sin contacto y asegurar que solo se procesen transacciones autorizadas.

3.6. Buenas Prácticas Generales para Todos los Dispositivos

Confidencialidad y Privacidad: Asegurar que toda la información del cliente tratada en estos dispositivos se maneje con la máxima confidencialidad y de acuerdo con las leyes de protección de datos.

Prevención de Fraudes: Establecer protocolos claros para la detección y gestión de fraudes, incluyendo la verificación de la identidad del cliente y la autenticidad de los medios de pago.

Registro y Seguimiento: Mantener un registro detallado de todas las transacciones, incluyendo intentos fallidos o anulaciones, para facilitar auditorías y seguimientos.

RESUMEN

En España, las operaciones de compra/venta y entrega a domicilio están sujetas a normativas que protegen tanto a consumidores como a comerciantes. La legislación comercial y civil, junto con la Ley General para la Defensa de los Consumidores y Usuarios, regulan las transacciones, garantizando derechos como el desistimiento y la protección de precios y facturación. La responsabilidad del vendedor también abarca la integridad de los productos hasta su entrega.

La protección de datos personales es fundamental en el proceso de cobro, regida por el Reglamento General de Protección de Datos (RGPD) y la Ley Orgánica de Protección de Datos y Garantía de los Derechos Digitales (LOPDGDD). Estas leyes aseguran el consentimiento informado, los derechos de acceso, rectificación y oposición (ARCO) de los consumidores, y requieren que las empresas implementen medidas de seguridad adecuadas para proteger la información personal.

Además, el uso de dispositivos tecnológicos en las operaciones de cobro, como PDAs, TPV y datáfonos, está regulado para asegurar transacciones seguras y conformes a la ley. Existen normas específicas para el mantenimiento, seguridad y actualización de estos dispositivos. Entre las buenas prácticas generales destacan la confidencialidad, la prevención de fraudes y el mantenimiento de registros detallados para auditar transacciones.

UNIDAD

3.3. Atención al cliente en el servicio de cobro de productos

Contenido de la Unidad

- Las normas de cortesía
- Los tratos protocolarios más habituales en las relaciones personales
- Tipología de clientes: identificación de técnicas de comunicación más adecuadas a los diferentes tipos de clientes
- Elementos de la comunicación
- Principios básicos en las comunicaciones orales: barreras y dificultadas
- Técnicas de comunicación oral
- La imagen personal
- Resumen

1. Las normas de cortesía

La entrega domiciliaria es un punto de contacto crucial entre el cliente y el servicio, y las normas de cortesía desempeñan un papel fundamental en la percepción del cliente sobre la calidad del servicio. Estas normas no solo reflejan el profesionalismo del repartidor, sino que también contribuyen a crear una experiencia positiva para el cliente.

1.1. Saludo y Presentación

Importancia del Primer Contacto: Un saludo cordial y una presentación clara al inicio de la interacción establecen el tono para toda la experiencia de entrega. Utilizar un lenguaje respetuoso y una actitud amable es esencial.

Identificación: Si es protocolo de la empresa, identificarse con el nombre y mencionar la empresa para la cual se está realizando la entrega.

1.2. Respeto y Educación

Uso de Formas de Trato Adecuadas: Dirigirse al cliente de manera respetuosa, utilizando "usted" a menos que el cliente indique lo contrario o el contexto permita un trato más informal.

Escucha Atenta: Prestar atención a lo que el cliente dice y responder de manera considerada, mostrando interés y respeto por sus palabras.

1.3. Lenguaje Corporal y Comunicación No Verbal

Importancia del Lenguaje Corporal: Mantener una postura abierta y amigable. Evitar gestos que puedan ser interpretados como desinterés o impaciencia.

Contacto Visual: Mantener un contacto visual apropiado como signo de atención y respeto, sin resultar intimidante.

1.4. Manejo de Situaciones Difíciles

Paciencia y Empatía: En situaciones complicadas, como retrasos o problemas con el pedido, es crucial mantener la calma y mostrar empatía. Escuchar activamente las preocupaciones del cliente y ofrecer soluciones de manera tranquila y profesional.

1.5. Despedida y Agradecimiento

Cierre de la Interacción: Al finalizar la entrega, agradecer al cliente por su compra y despedirse de manera cortés. Esto refuerza una última impresión positiva.

1.6. Respeto a la Privacidad y Espacio del Cliente

Distancia Adecuada: Respetar el espacio personal del cliente, especialmente relevante en el contexto actual de salud y seguridad.

Confidencialidad: Manejar toda la información del cliente, incluyendo detalles de la entrega, de manera confidencial.

2. Los tratos protocolarios más habituales en las relaciones personales

En el servicio de entrega a domicilio, adherirse a ciertos tratos protocolarios no solo mejora la interacción con el cliente, sino que también refleja el profesionalismo y los valores de la empresa. Estos protocolos son esenciales para construir confianza y respeto mutuo.

2.1. Formalidad en el Trato

Uso de Títulos y Formas de Trato: Utilizar un lenguaje formal al principio de la interacción, especialmente con clientes que no se conocen. Esto incluye el uso de señor o señora, seguido del apellido, si es conocido.

Transición a un Trato Menos Formal: Según la respuesta del cliente y su preferencia, se puede suavizar el trato a uno más informal, siempre manteniendo el respeto.

2.2. Comunicación Clara y Respetuosa

Explicaciones Sencillas y Directas: Al explicar procesos o resolver dudas, usar un lenguaje claro y directo, evitando términos técnicos que puedan ser confusos para el cliente.

Evitar Jerga y Términos Colloquiales: A menos que sea apropiado y el cliente lo prefiera, evitar el uso de jerga o términos demasiado informales que puedan ser interpretados como falta de profesionalismo.

2.3. Adaptación al Contexto del Cliente

Culturalmente Sensible: Ser consciente y respetuoso de las diferencias culturales, que pueden influir en las expectativas y preferencias de comunicación del cliente.

Atención a las Señales No Verbales: Estar atento a las señales no verbales del cliente, como el lenguaje corporal o las expresiones faciales, para ajustar el enfoque de comunicación si es necesario.

2.4. Respeto por la Privacidad y el Espacio Personal

Mantener una Distancia Adecuada: Respetar el espacio personal del cliente, especialmente en el contexto de las normativas de salud y seguridad vigentes.

Discreción en el Manejo de Información: Tratar toda información relativa al cliente y su pedido con la máxima discreción y confidencialidad.

2.5. Consideración de Necesidades Especiales

Atención a Necesidades Específicas: Estar preparado para adaptar el trato y la comunicación si el cliente tiene alguna necesidad especial, como dificultades auditivas o de movilidad.

2.6. Agradecimientos y Despedidas

Finalizar con Cortesía: Concluir la entrega con una despedida cortés y un agradecimiento por elegir el servicio, reforzando una impresión positiva y la satisfacción del cliente.

La adhesión a estos tratos protocolarios en las relaciones personales durante las entregas domiciliarias asegura una experiencia respetuosa y profesional para el cliente, fomentando la confianza y una imagen positiva de la empresa.

3. Tipología de clientes: identificación de técnicas de comunicación más adecuadas a los diferentes tipos de clientes

En el servicio de entrega a domicilio, los repartidores se encuentran con una variedad de clientes, cada uno con sus propias expectativas y estilos de comunicación. Identificar y adaptarse a estas diferentes tipologías es clave para una interacción exitosa.

3.1. El Cliente Práctico

Características: Prefiere interacciones directas y concisas. Valora la eficiencia y la claridad.

Técnicas de Comunicación: Ser breve y al grano. Proporcionar información clara y precisa sobre la entrega sin entrar en detalles innecesarios.

3.2. El Cliente Sociable

Características: Disfruta de la charla y las interacciones amistosas. Valora el trato personal.

Técnicas de Comunicación: Usar un tono amigable y abierto. Mostrar interés en sus comentarios y responder de manera cordial, manteniendo siempre un enfoque profesional.

3.3. El Cliente Metódico

Características: Detallista y minucioso, puede tener muchas preguntas o requerir información específica.

Técnicas de Comunicación: Proporcionar respuestas detalladas y precisas. Tomarse el tiempo para asegurarse de que todas sus preguntas y preocupaciones sean abordadas.

3.4. El Cliente Desafiante

Características: Puede ser crítico o tener altas expectativas.

Técnicas de Comunicación: Mantener la calma y la profesionalidad. Escuchar atentamente y responder de manera asertiva y respetuosa.

3.5. El Cliente Indeciso

Características: Puede mostrarse inseguro o tener dificultades para tomar decisiones.

Técnicas de Comunicación: Ofrecer información clara y opciones si es necesario. Ser paciente y ayudar a guiar la conversación hacia una resolución.

3.6. El Cliente Reservado

Características: Prefiere interacciones mínimas y puede ser menos comunicativo.

Técnicas de Comunicación: Respetar su espacio y ser eficiente en la comunicación. Evitar la charla innecesaria y centrarse en los aspectos esenciales de la entrega.

- Consideraciones Generales
  - ⇨ **Empatía y Adaptabilidad:** Independientemente del tipo de cliente, es importante mostrar empatía y adaptabilidad, ajustando el estilo de comunicación según sea necesario.
  - ⇨ **Escucha Activa:** Practicar la escucha activa para entender mejor las necesidades y expectativas de cada cliente.
  - ⇨ **Feedback Constructivo:** Estar abierto al feedback y utilizarlo para mejorar continuamente el enfoque de servicio.

El reconocimiento y la adaptación a las diferentes tipologías de clientes en el servicio de entrega a domicilio son fundamentales para garantizar la satisfacción del cliente y la eficacia del servicio. Estas técnicas de comunicación ayudan a construir una relación positiva con los clientes, mejorando la experiencia general de servicio. Si necesitas más información sobre este tema o quieres explorar otros aspectos, no dudes en indicarlo.

4. Elementos de la comunicación

La comunicación efectiva en las entregas a domicilio no se limita solo a lo que decimos, sino que también implica cómo lo decimos y cómo interpretamos y respondemos a los mensajes del cliente. Aquí exploramos los elementos clave de la comunicación.

4.1. Emisor

Rol del Repartidor: En el contexto de la entrega, el repartidor actúa como emisor al iniciar la comunicación. Debe ser claro, conciso y asegurarse de que su mensaje sea entendido correctamente.

Adaptación del Mensaje: Adaptar el mensaje según la tipología del cliente y la situación específica.

4.2. Mensaje

Claridad y Brevedad: El mensaje debe ser claro y directo, especialmente en instrucciones o información sobre la entrega.

Tonificación y Emoción: El tono utilizado debe ser apropiado para el mensaje y el contexto, mostrando respeto y profesionalismo.

4.3. Canal

Medios de Comunicación: Los canales pueden incluir la comunicación cara a cara, llamadas telefónicas, mensajes de texto o incluso correos electrónicos. Elegir el canal más adecuado según la naturaleza del mensaje y la preferencia del cliente.

Consideraciones Técnicas: Asegurarse de que el canal elegido funcione correctamente para evitar malentendidos o interrupciones.

4.4. Receptor

Entender al Cliente: Escuchar activamente para entender las necesidades y respuestas del cliente. Esto implica no solo oír lo que dicen, sino también interpretar el lenguaje corporal y las señales no verbales.

Adaptación a la Respuesta: Estar preparado para adaptar el enfoque según la reacción o el feedback del cliente.

4.5. Código

Lenguaje Común: Utilizar un lenguaje que sea fácilmente entendido por el cliente, evitando jerga técnica o términos complicados.

Comunicación No Verbal: Ser consciente del lenguaje corporal, expresiones faciales y gestos, ya que estos también forman parte del código de comunicación.

4.6. Contexto

Entorno y Circunstancias: Considerar el contexto en el que se realiza la entrega, incluyendo el entorno físico y la situación particular del cliente.

Cultural y Social: Ser consciente de las normas culturales y sociales que pueden influir en la comunicación.

4.7. Ruido

Barreras en la Comunicación: Identificar y minimizar factores que puedan distorsionar el mensaje, como ruidos ambientales, interrupciones o malentendidos.

Clarificación y Verificación: Aclarar cualquier duda y verificar que el mensaje haya sido recibido e interpretado correctamente.

4.8. Retroalimentación

Importancia del Feedback: Utilizar la retroalimentación para confirmar la comprensión, ajustar el enfoque y mejorar continuamente las habilidades de comunicación.

El dominio de estos elementos de la comunicación es esencial para proporcionar un servicio de entrega y recogida eficaz y satisfactorio.

5. PRINCIPIOS BÁSICOS EN LAS COMUNICACIONES ORALES: BARRERAS Y DIFICULTADAS

La comunicación oral es un componente esencial en el servicio de entrega a domicilio. Sin embargo, varios factores pueden afectar su efectividad.

5.1. Claridad y Concreción

Expresarse de Manera Clara: Usar un lenguaje sencillo y directo para evitar confusiones. Evitar el uso excesivo de términos técnicos o jerga que el cliente pueda no entender.

Brevedad: Ser conciso, especialmente en situaciones donde el tiempo es limitado.

5.2. Barreras de Comunicación

Ruido Ambiental: Entornos ruidosos pueden dificultar la audición y comprensión del mensaje. En estas situaciones, es crucial hablar con claridad y posiblemente más alto, sin gritar.

Diferencias Idiomáticas o Dialectales: En áreas con diversidad lingüística, estar preparado para enfrentar barreras idiomáticas y buscar maneras de comunicarse efectivamente, incluso si esto implica utilizar herramientas de traducción.

5.3. Barreras Psicológicas

Prejuicios o Suposiciones: Evitar hacer suposiciones sobre el cliente basadas en prejuicios o estereotipos, ya que pueden afectar negativamente la comunicación.

Estado Emocional: Tanto el estado emocional del repartidor como del cliente pueden influir en la comunicación. Es importante mantener la profesionalidad y empatía en todo momento.

5.4. Barreras Físicas

Distancia y Mascarillas: La distancia física y el uso de mascarillas pueden dificultar la comunicación. Es importante hablar de manera que se pueda ser escuchado y entendido claramente, respetando las medidas de seguridad.

5.5. Escucha Activa

Prestar Atención Completa: Mostrar interés activo en lo que el cliente está diciendo, lo que implica no solo escuchar las palabras, sino también observar el lenguaje corporal y captar el tono emocional.

Confirmación y Clarificación: Repetir o parafrasear lo que el cliente ha dicho para confirmar la comprensión y aclarar cualquier duda.

5.6. Retroalimentación Efectiva

Solicitar y Dar Feedback: Animar al cliente a expresar cualquier inquietud y estar abierto a recibir y actuar según el feedback para mejorar continuamente las habilidades de comunicación y el servicio.

5.7. Uso Adecuado del Lenguaje Corporal

Comunicación No Verbal: Ser consciente de las señales no verbales propias y las del cliente. Un lenguaje corporal abierto y amigable puede mejorar significativamente la comunicación.

6. TÉCNICAS DE COMUNICACIÓN ORAL

6.1. Habilidades Sociales

Interacción Cordial: Saludar educadamente y mostrar interés por el cliente. Ajustar el estilo de comunicación según la respuesta y el comportamiento del cliente.

Resolución de Conflictos: Manejar cualquier desacuerdo o queja con calma y de manera constructiva, buscando siempre una solución satisfactoria.

6.2. Empatía

Entender las Necesidades del Cliente: Ponerse en el lugar del cliente para entender mejor sus necesidades y expectativas.

Respuesta Emocional Adecuada: Reconocer las emociones del cliente y responder de manera que demuestre comprensión y cuidado.

6.3. Asertividad

Comunicación Clara y Directa: Expresar pensamientos y necesidades de forma clara y directa sin ser agresivo.

Respeto Mutuo: Mantener un equilibrio entre los propios derechos y los del cliente, asegurando que se respeten ambos.

6.4. Comunicación No Verbal

Importancia del Lenguaje Corporal: Utilizar un lenguaje corporal que sea abierto y amistoso, como sonreír o asentir, para reforzar el mensaje verbal.

Atención a las Señales del Cliente: Observar el lenguaje corporal del cliente para ajustar la comunicación según sea necesario.

6.5. Lenguaje Positivo

Enfoque en lo Positivo: Usar palabras y frases que tengan una connotación positiva, especialmente al ofrecer soluciones o manejar situaciones difíciles.

Evitar Negatividad: Evitar palabras o frases que puedan ser percibidas como negativas o desalentadoras.

6.6. Escucha Activa

Atención Plena: Concentrarse completamente en lo que está diciendo el cliente, mostrando interés genuino.

Confirmación: Parafrasear o repetir lo que ha dicho el cliente para asegurar la comprensión y demostrar que se está escuchando.

6.7. Escucha Efectiva

Comprensión Profunda: Ir más allá de escuchar las palabras, comprendiendo el mensaje completo, incluyendo el contenido emocional.

Respuesta Adecuada: Responder de manera que refleje una comprensión completa del mensaje del cliente.

6.8. Feedback

Solicitud de Opiniones: Pedir feedback sobre el servicio proporcionado para entender la experiencia del cliente y áreas de mejora.

Uso del Feedback: Utilizar la información recibida para mejorar continuamente las habilidades de comunicación y el servicio al cliente.

Estas técnicas de comunicación oral son fundamentales para realizar entregas a domicilio efectivas y satisfactorias. Al practicar y mejorar constantemente estas habilidades, los repartidores pueden asegurar una interacción positiva con el cliente, lo que se traduce en una mejor experiencia de servicio y potencialmente en una relación a largo plazo con el cliente

7. La imagen personal

Por último, abordaremos la importancia de la imagen personal en el contexto de las entregas a domicilio. La imagen personal no solo se refiere a la apariencia física, sino también a la forma en que un individuo se presenta y se comunica en el entorno profesional, especialmente en interacciones cara a cara como las entregas domiciliarias.

Importancia de la Imagen Personal en el Servicio de Entrega a Domicilio

7.1. Apariencia Física

Vestimenta Apropiada: Usar el uniforme de la empresa si está disponible, o en su defecto, vestimenta limpia y adecuada al trabajo. La vestimenta debe reflejar profesionalismo y respeto hacia el cliente.

Higiene Personal: Mantener una buena higiene personal es crucial. Aspectos como el aseo personal, un cabello arreglado y manos limpias contribuyen a una imagen profesional positiva.

7.2. Actitud Profesional

Postura y Presencia: Mantener una postura erguida y confiada. Una buena postura transmite seguridad y profesionalismo.

Sonrisa y Amabilidad: Una sonrisa genuina y un trato amable pueden marcar una gran diferencia en cómo el cliente percibe la interacción.

7.3. Comportamiento y Etiqueta

Educación y Cortesía: Mostrar siempre educación y cortesía, independientemente del comportamiento del cliente. Esto incluye usar palabras como "por favor" y "gracias".

Puntualidad: Llegar a tiempo o comunicarse adecuadamente en caso de retrasos es fundamental en la percepción de profesionalismo y respeto hacia el tiempo del cliente.

7.4. Comunicación Efectiva

Claridad al Hablar: Hablar de manera clara y con un tono adecuado, asegurando que el cliente entienda la información proporcionada.

Escucha y Respuestas: Mostrar que se está escuchando activamente y responder de manera adecuada a las consultas o inquietudes del cliente.

7.5. Manejo de Equipo y Material

Cuidado con los Paquetes: Manejar los paquetes y productos con cuidado, demostrando respeto por la propiedad del cliente.

Organización: Mantener el vehículo y los materiales de entrega organizados y en buen estado, ya que esto puede ser visible para el cliente en el momento de la entrega.

7.6. Ajuste a Normativas de Salud y Seguridad

Cumplimiento de Medidas Sanitarias: En el contexto actual, es importante adherirse a las normativas de salud, como el uso de mascarillas y el mantenimiento de la distancia social, para transmitir responsabilidad y cuidado.

RESUMEN

La atención al cliente en el servicio de cobro de productos a domicilio requiere cumplir normas de cortesía para una interacción profesional y respetuosa. Esto implica un saludo cordial, respeto en el trato, un lenguaje corporal adecuado y una despedida amable. Es importante también respetar la privacidad del cliente y su espacio personal.

Los protocolos en la relación con el cliente incluyen formalidad en el trato, claridad en la comunicación y sensibilidad cultural. La capacidad de adaptación según las necesidades especiales del cliente también es fundamental.

Existen diferentes tipos de clientes que requieren técnicas de comunicación específicas: el cliente práctico prefiere respuestas claras y breves; el sociable, un tono amigable; el metódico, respuestas detalladas; el desafiante, una respuesta profesional y calmada; el indeciso, información y paciencia; y el reservado, una comunicación eficiente y sin charla innecesaria.

Para una comunicación efectiva, es clave considerar elementos como el mensaje, el canal, la escucha activa, y el feedback. Además, el lenguaje corporal y la claridad son esenciales para evitar barreras de comunicación.

La imagen personal es otro aspecto importante, que incluye una apariencia adecuada, comportamiento profesional, puntualidad y un trato amable. El cuidado con los paquetes, el respeto por el cliente y la observación de normativas de salud también contribuyen a una experiencia positiva y profesional en el servicio de entrega.

ICB
EDITORES